Reviramentos do feminino

Denise Maurano

E SEUS MISTÉRIOS GOZOSOS

aller

Copyright © 2023 por Aller Editora

Publicado com a devida autorização e com todos os direitos reservados à Aller Editora.

É expressamente proibida qualquer utilização ou reprodução do conteúdo desta obra, total ou parcial, seja por meios impressos, eletrônicos ou audiovisuais, sem o consentimento expresso e documentado da Aller Editora.

Editora	Fernanda Zacharewicz
Conselho editorial	Andréa Brunetto • *Escola de Psicanálise dos Fóruns do Campo Lacaniano* Beatriz Santos • *Université Paris Diderot — Paris 7* Jean-Michel Vives • *Université Côte d'Azur* Lia Carneiro Silveira • *Escola de Psicanálise dos Fóruns do Campo Lacaniano* Luis Izcovich • *Escola de Psicanálise dos Fóruns do Campo Lacaniano*
Revisão técnica	Fernanda Zacharewicz e William Zeytounlian
Capa	Wellinton Lenzi
Ilustração de capa	*Arbre empreinte*, de Stephane Attas
Diagramação	Sonia Peticov

1ª edição: novembro de 2023

Dados Internacionais de Catalogação na Publicação (CIP)
Ficha catalográfica elaborada por Angélica Ilacqua CRB-8/7057

M412r   Maurano, Denise

         Reviramentos do feminino e seus mistérios gozosos / Denise Maurano. -- São Paulo : Aller, 2023.
         192 p.

         ISBN 978-65-87399-58-4
         ISBN *ebook*: 978-65-87399-59-1

         1. Psicanálise 2. Mulheres 3. Feminino (Aspectos psicológicos) I. Título

23-6072   CDD: 150.195
                                                                     CDU 159.964.2

Índice para catálogo sistemático
1. Psicanálise

Publicado com a devida autorização e com todos os direitos reservados por

ALLER EDITORA
Rua Havaí, 499
CEP 01259-000 • São Paulo — SP
Tel: (11) 93015-0106
contato@allereditora.com.br

Aller Editora • allereditora

Para Alain Didier-Weill, *in memoriam*.

Agradeço pela paciência de todos que foram privados da minha presença durante a escritura deste livro, sobretudo Luana, Tiago, Bob e Amarelinha.

Sumário

PREFÁCIO: *A revolução do feminino*   9

Palavras de abertura

1. Reviramentos do feminino   23
2. Uma nota sobre o feminismo   38

Os embaraços do *Phallus*

1. A ereção do mundo simbólico   45
2. O *phallus* como Linga   54
3. Do Nome-do-Pai ao Inominado S(Ⱥ)   58
4. Ressonâncias trágicas no além do *phallus*   65

O feminino como excesso, "ex-sexo"

1. O feminino como revelação   85
2. O feminino como *gozo do Outro* e o feminino como *gozo Outro*   98
3. O feminino como excesso   108
4. A sexuação e o nosso "a mais"   118
5. Incidências simbólicas e imaginárias entre o jogo amoroso e o jogo sexual   129

Desdobramentos éticos, estéticos e políticos

1. Por uma ética do feminino   147
2. Por uma estética do feminino   158
3. Por uma política do feminino   164

POR CONCLUIR: *O feminino como um chamado do Real*   181

PREFÁCIO:

A revolução do feminino

É evidente, por uma questão de equilíbrio, base de todo o pensamento, que essa preferência tenha um avesso: fundamentalmente trata-se da ocultação do princípio feminino sob o ideal masculino, do qual a virgem, por seu mistério, ao longo das eras dessa cultura, tem sido o sinal vivo. Mas é próprio do espírito desenvolver como mistificação as antinomias do ser que o constituem e o peso mesmo dessas superestruturas pode vir a derrubar sua base.[1]

Que antes renuncie [à psicanálise], quem não conseguir alcançar em seu horizonte a subjetividade de sua época.[2]

Tupi or not tupi, that is the question.[3]

---

[1] LACAN, Jacques. (1938) "Os complexos familiares na formação do indivíduo". In: *Outros escritos*. Trad. Vera Ribeiro. Rio de Janeiro: Zahar, 2003, p. 90.

[2] LACAN, Jacques. (1953) "Função e campo da fala e da linguagem". In: *Escritos*. Trad. Vera Ribeiro. Rio de Janeiro: Zahar, 1998, p. 322.

[3] ANDRADE, Oswald de. (1950) "O manifesto antropófago." In: TELES, Gilberto Mendonça. *Vanguarda europeia e modernismo brasileiro: apresentação e crítica dos principais manifestos vanguardistas*. 3a ed. Petrópolis: Vozes; Brasília: INL, 1976.

REVIRAMENTOS DO FEMININO

Em primeiro lugar, sinto-me honrada com o convite que me foi feito pela Dra. Denise Maurano para escrever este prefácio. Mas, acima de tudo, quero agradecê-la pela profunda reflexão que a leitura deste livro me causou e continua causando.

Há muito a filósofa e psicanalista Denise Maurano vem ocupando um lugar de destaque na produção teórica psicanalítica contemporânea, abordando temas como a ética da psicanálise, o desejo, o amor, o gozo e o feminino, tendo como horizonte principal a clínica.

A partir de 2011, com a publicação do livro *Torções: a psicanálise, o barroco e o Brasil*, a questão do feminino começou a ocupar um lugar preponderante em sua obra. Neste livro, as articulações entre as afinidades do feminino em psicanálise e a brasilidade mostraram a importância do contexto cultural e histórico outorgada pela autora à elaboração teórica e ao fazer clínico psicanalítico. Desta forma, Maurano começa a construir um denso arcabouço teórico sobre o feminino.

O presente livro, *Reviramentos do feminino e seus mistérios gozosos*, tem, segundo a autora, o objetivo de fazer uma contribuição desde a psicanálise, visando a "buscar caminhos" para o mal-estar contemporâneo da civilização. Mas, que mal-estar é esse a que ela se refere?

Na época de Freud, o mal-estar estava relacionado com a repressão social das pulsões. Predominava o preconceito em relação às mulheres devido ao "repúdio à feminilidade" — conceito freudiano — que atribuía a elas o lugar imaginário desse feminino repudiado, e isso a tal ponto que, em alguns casos, a própria mulher era considerada um tabu.

Nos nossos dias, Maurano fala da "dominação do feminino", o que nos leva a pensar num mal-estar atravessado pelo declínio do Nome-do-Pai, que, por sinal, Lacan já anunciara em 1938.

PREFÁCIO: A REVOLUÇÃO DO FEMININO

Estará o mal-estar atual relacionado com o não saber lidar com esse gozo excedente?

Neste livro, debruçando-se sobre a urgente questão da possível extinção da vida no planeta Terra — tal como anunciada pela ciência a partir da gravíssima situação socioambiental, que reserva um trágico destino à humanidade —, Maurano demonstra uma forte preocupação social que vai além da clínica individualista clássica.

Para chegar a essa candente questão, Maurano empreende um longo percurso com o objetivo de definir o que ela denomina "campo do feminino", expressão que corresponderia àquilo "que se coloca como uma das leituras possíveis do aforismo lacaniano 'A Mulher não existe'". Trata-se, segundo a autora, de um "anti-conceito", de uma "alegoria", de uma "metáfora".

Do obscuro aforismo de Lacan à denominação proposta por Denise Maurano, "campo do feminino", há um deslocamento que não é gratuito: a analista procede de forma tal que, algo que era invisível, mudo, inaudível e inominável, como o citado aforismo lacaniano, através de um deslocamento e de um desdobramento de conceitos, da criação de neologismos e de laços com outros campos do saber, descortina cenários onde aparecem personagens que povoam este campo do feminino.

Desse modo, Maurano revela ao leitor os "reviramentos do feminino e seus mistérios gozosos", dando consistência, ao longo de sua argumentação, ao que ela mesma chamou de "campo do feminino".

Nesta obra, o campo do feminino é delimitado em relação ao campo do gozo fálico. A autora nos adverte que se trata de um campo de saber que apresenta uma grande dificuldade de abordagem, já que, enquanto tal, ele "não existe", apenas "ex-siste" em relação ao campo do gozo fálico, este, sim, existente: o

REVIRAMENTOS DO FEMININO

campo do feminino encontra-se, portanto, "alheio à distinção subjetiva".

O feminino é aquilo que está para além ou aquém ou ainda fora-do-sexo, no sentido de algo indiferenciado, enfim, é tudo aquilo que inclui a questão do gozo feminino em psicanálise: "O feminino refere-se, portanto, a tudo o que precede o sujeito e que, no raio de um instante, pode se revelar quando o sujeito sai de cena ou permite essa 'ex-corporação' — que pode ser pensada como fusão com o exterior, com o ilimitado, o infinito e o imaterial".

No quadro da sexuação proposto por Lacan em seu seminário 20, *Mais, ainda*, a autora produz pequenos deslocamentos de nomes que mudam os sentidos. Ela inclui modificações nos vetores, assim como passa a denominar o lado do homem e o lado da mulher de lado da posição masculina e feminina, deixando claro que a questão vai além da anatomia — nascer homem (pênis) ou mulher (vagina). Essa escolha se alinha melhor à abordagem das identidades ou das posições sexuais masculina e feminina, bem como das outras diversas posições subjetivas ou de escolha sexual que, graças à revolução sexual, como mostra ela, vêm multiplicando *ad infinitum* a sigla LGBTQIA+. Ela redefine "feminilidade" como o atributo que caracteriza aqueles que se posicionam do lado feminino, no quadro da sexualidade, e que envolve o "erotismo feminino". Do mesmo modo, ela se refere ao "repúdio ao feminino" e não ao "repúdio à feminilidade", como dito por Freud.

Com grande sensibilidade clínica, Maurano esclarece como distinguir o gozo fálico do gozo feminino: "Pelo gozo fálico, o inconsciente se desvela na 'escuta' do sentido (*j'ouïe-sens*)." Goza-se com o sentido. E ainda: "Assim, no gozo fálico, se frui do *desvelamento*, da descoberta, que implica a atividade do

PREFÁCIO: A REVOLUÇÃO DO FEMININO

sujeito em todas as suas amarrações fantasmáticas. E no gozo Outro, da *revelação*, algo que poderia advir da deposição de si, dessubjetivação em um encontro com a absoluta alteridade"[4].

O espírito de pesquisadora de Denise Maurano vem há anos explorando as mais variadas épocas e lugares, cenários ficcionais e travessias psíquicas, fazendo, com base em seus achados, uma articulação entre a "psicanálise em intensão" e a "psicanálise em extensão", mostrando assim as afinidades entre esses objetos de estudo e o campo do feminino.

Retomando o conceito definido como estrutural por Eugenio D'Ors, que ela vem trabalhando desde 2011, Maurano nos traz de volta a afinidade entre o feminino em psicanálise e a estética do "espírito barroco brasileiro". Recorrendo ao "espírito barroco", à tragédia grega, às artes, ela nos mostra os aspectos dionisíacos que se afinam com a cultura contemporânea e com a própria psicanálise, uma vez que acolhem as contradições, os paradoxos, os antagonismos, o selvagem, o caos e, ainda, o *chiaroscuro*, as formas imbricadas, "torcidas", próprias desse "espírito barroco brasileiro". Esse espírito se afina com uma linha feminina no sentido de indiferenciado, com o feminino relacionado à origem, ao matriarcal, em contraposição ao classicismo que se rege pelos princípios da ordem, da disciplina, do cosmos e da civilização patriarcal, ou seja, que segue uma linha masculina e fálica, remetendo assim aos aspectos apolíneos da cultura judaico-cristã.

Maurano importa a ideia de "novo espírito do tempo" do sociólogo Maffesoli, noção que substitui a lógica da identidade por uma "sensibilidade coletiva" na contemporaneidade.

---

[4] Grifos meus.

Ela nos mostra também como a impossibilidade de se ter acesso ao feminino nos leva à criação e à poesia. Como exemplo, presenteia-nos com um depoimento da escritora Marguerite Duras, que fala sobre seu processo criativo: "'Eu deixo agir em mim alguma coisa que, sem dúvida, procede da feminilidade [...] é como se eu retornasse a um terreno selvagem'".

A estruturação do ser humano como um ser assujeitado a alguém — que remete a esse momento mítico inicial de fusão com o Outro — se dá em torno do masoquismo erógeno. Segundo Maurano, desse modo, "para nós, o masoquismo erógeno seria uma das expressões de uma certa apropriação do campo do feminino". Se o sujeito foi estruturado pelo Édipo, não há perigo no fato de ele experimentar estados de irrupção do gozo feminino, pois estes alargam sua experiência subjetiva apontando para uma sensação de ilimitado, através de um ato criador, das expressões artísticas, místicas, afrodisíacas, poéticas e dionisíacas.

Denise Maurano faz uma distinção — fundamental para a clínica e para seu uso na psicanálise em extensão, a análise da cultura —, "num campo que extrapola o sexual", entre a experiência dos "empuxos ao feminino para o nosso melhor" e dos "empuxos ao feminino para o pior".

No primeiro caso, da experiência "dos empuxos ao feminino [ao gozo] para o nosso melhor", a experiência tem a ver com uma estrutura psíquica que passou pelo Édipo e diz respeito ao gozo consentido ao qual o sujeito se entrega e que leva à celebração ou ao júbilo, ocorrendo nos casos do gozo místico, na paixão e na criação. Já no segundo caso, o do gozo do Outro, que leva à experiência de aniquilamento subjetivo, a autora o relaciona à estrutura pré-edípica. Nele, o sujeito torna-se objeto do Outro, pois trata-se de um gozo intrusivo,

PREFÁCIO: A REVOLUÇÃO DO FEMININO

como acontece no gozo psicótico ou na loucura de devastação. Maurano diferencia a experiência de aniquilamento subjetivo do processo de dessubjetivação que, segundo Lacan, se dá no final de uma análise.

Analisando o conceito freudiano de "masoquismo erógeno", ela o alinha ao campo do feminino, considerando-o fundamental tanto numa experiência consentida, própria do gozo Outro, quanto numa experiência na qual o sujeito se vê invadido pelo gozo do Outro, sendo aniquilado como sujeito.

Ademais, ela esclarece que o que Freud denominou "masoquismo feminino" — que diria respeito à fantasia masculina de "ser batido" — se encontra na linha do gozo fálico, pois concerne ao que "pode ser fonte de gozo na passividade com a qual se metaforiza o feminino".

Preocupada com o anunciado fim da vida em nosso planeta, por conta das graves consequências da ordem capitalista, dando um passo além na questão do campo do feminino, Maurano propõe uma inédita articulação entre o campo da psicanálise e o da ecologia, usando a rica sabedoria da filosofia ameríndia. Essa articulação vai além do campo estreito da concepção moderna de psiquismo, como entendido até o momento pela psicanálise, estendendo-o até os outros seres vivos, à natureza e ao planeta Terra, propondo uma "dimensão ecológica do psiquismo" que participa desse campo do feminino.

Denise se pergunta: "se somos parte do ecossistema terrestre, por que o psiquismo não teria uma conexão com isso que não diz respeito ao 'especismo' do humano?" Ao que acrescenta:

> Parece que focamos um bocado na dimensão subjetiva de nossa existência psíquica, e isso tem, sem dúvida, seu valor. Mas, todo esse percurso de pesquisa sobre a subjetividade, do qual a

REVIRAMENTOS DO FEMININO

psicanálise é tributária, talvez deva se estender para o que sugiro nomear como "dimensão ecológica do psiquismo" [...] Nesse sentido, a ética do feminino pode ser pensada como afeita à ética da psicanálise, implica que não se perca de perspectiva o real que se encontra em jogo em toda a ação humana. [...] A agressão à Mãe-natureza certamente revela o repúdio ao feminino que é expressão do Real em nós.

Esse Real nos aparece como o selvagem, o bárbaro, o estrangeiro, o estranho, o que está fora, o êxtimo. A questão é: como, em lugar de repudiá-lo, "operar de modo a contar com ele e a fazer com ele"?

Neste livro, a questão de Denise Maurano é de ordem humanitária! O mal-estar a que ela se refere não está sendo enxergado e está levando a humanidade subjugar violentamente o "elemento selvagem" que há em nós, a Natureza que faz parte de nós, até aniquilá-la. E isso, segundo a autora, tem a ver com o "repúdio ao feminino", como ela denomina esse repúdio ao Real.

Maurano considera que o aniquilamento dos filhos de Gaia seria um dos últimos redutos do repúdio ao feminino, que vem causando um extremo mal-estar na civilização. As consequências são funestas: da desertificação da Amazônia ao degelo dos polos Ártico e Antártico, das rupturas de barragens de dejetos minerais ao envenenamento das águas, tudo o que pode levar à extinção de todos os seres vivos do planeta Terra.

A visão cósmico-ecológica dos povos originários tem encontrado eco entre os não indígenas. A preocupação com a natureza vem sendo um tema de grande interesse, pois o ataque brutal dessa cultura capitalista, centrada no lucro, no desenvolvimento predatório e no mercantilismo abusivo, está

PREFÁCIO: A REVOLUÇÃO DO FEMININO

conduzindo o mundo — e todas as formas de vida — à barbárie. Não por acaso, alguns governantes lúcidos, diversos cientistas, muitos ativistas e artistas vêm resgatando a filosofia ameríndia e fazendo denúncias sobre os massacres à Mãe Terra, a Gaia.

Maurano recorre ao livro do filósofo e professor ameríndio Ailton Krenak, *A vida é selvagem*, no qual defende que a vida, em vez de ser consumida, precisa ser fruída através da dança cósmica.

Nas artes visuais, numa linha de resgate da filosofia ameríndia, as denúncias dos massacres contra a Mãe Terra vêm sendo feitas a todo momento. Juliana Notari, artista visual brasileira, denuncia isso em um dos seus trabalhos. Este consiste em fazer uma ferida numa árvore, a Sambaúva, inserindo nela o sangue da própria menstruação, colhido por nove meses, juntando-o à seiva dessa árvore "maternal". A Sambaúva é assim chamada pelo fato de juntar a água e distribuí-la entre as outras árvores. Notari, assim, dá voz à relação mística erótica entre os seres humanos e a Natureza, ou a Mãe Terra, Pacha Mama. A obra "Diva" é uma intervenção artística, uma escavação de trinta e três metros de profundidade, de coloração vermelha como sangue, uma denúncia da violência que vem sendo levada adiante pelos predadores contra a nossa Pacha Mama[5].

Maurano propõe uma torção para o acolhimento da diferença, para a reconstrução dos laços sociais de solidariedade, isto é, uma passagem do amor imaginário para o amor simbólico.

---

[5] MOLLICA, Marian; YORK, Sara; SEDDON, Gloria. "Escutar a realidade transexual do inconsciente de nossa época: arte e psicanálise nas redes". In: POLI, Maria Cristina; COSTA-MOURA, Fernanda; MOLLICA, Mariana (orgs.) *Fora do Armário. A realidade sexual do inconsciente*. Curitiba: Appris Editora, 2022, p. 145-166.

Ela nos apresenta a leitura proposta pelo psicanalista Alain Didier-Weill a partir do imperativo formulado por Freud, "Onde isso era, eu devo vir a ser" (*Wo es war, soll ich werden*), tarefa que, na contemporaneidade, vem sendo substituída, segundo Didier-Weill, por respostas da ciência, da tecnologia, do dogmatismo religioso. O feminino, diz a autora, é a causa do sujeito, "encontra-se muito mais do lado do objeto que do sujeito" e a "passividade que é atribuída ao objeto é, entretanto, o que move o sujeito a advir". Ela considera que a saída está do lado feminino, pois é o "lugar de onde provém a possibilidade mesma do advento do novo".

Maurano deixa aos artistas e aos psicanalistas a tarefa de contornar o mistério, recomeçando sempre, de modo que "o que começou continue a começar", nas palavras de Didier-Weill.

A autora fecha o seu livro com uma exortação aos psicanalistas:

> O que exige de nós, analistas, uma tomada de posição ética, estética e política que nos deixe como legado essa obrigação tão ilimitada quanto absolutamente necessária de intervirmos sobretudo nesses tempos em que o que há de mais sombrio ameaça roubar a cena.

Neste livro, Maurano nos lembra as diversas ondas de feminismos, no plural mesmo quando eles batem na ideia de que esta última teria sido misógina.

Há, desde a última década do século XX, um debate sobre o feminino em psicanálise que adquiriu contornos muito específicos. Ele tem girado em torno do declínio do ideal masculino e do surgimento do princípio feminino em seu lugar, já apontado

PREFÁCIO: A REVOLUÇÃO DO FEMININO

por Lacan, como vimos na epígrafe, o que venho denominando "feminização da psicanálise e do social"[6] e "feminização da cultura"[7], movimento que, desde 1991, considero estar relacionado a uma nova fase da civilização[8].

Nesse debate, um grupo de psicanalistas tem se posicionado de forma pessimista, defendendo a ideia de que o mal-estar atual estaria relacionado com aquele gozo excedente, causado pelo declínio do Nome-do-Pai, acarretando consequências funestas para a civilização. Nesse grupo, há um chamado ao Pai, um saudosismo do Pai, do patriarcado, atitudes conservadoras e até reacionárias. Em alguns casos, há um questionamento e até mesmo um repúdio ao ressurgimento do princípio feminino que estaria derrubando as estruturas patriarcais. Entre esses pessimistas, muitos consideram ser preciso tomar sérias providências contra esse processo de feminização.

Quanto ao outro grupo, o dos analistas mais esperançosos em relação a esta mudança, aposta-se que a sociedade está aprendendo a lidar com o gozo excedente, apesar do trágico da situação, sem eliminar o Pai, contando apenas com a possibilidade, apontada por Lacan em seu seminário 7, *A ética da psicanálise,* de transgredir a Lei do Pai sabendo que esta existe, a fim de produzir o novo. É a possibilidade da criação *ex nihilo,* como

---

[6] SEDDON, Gloria Georgina. *A feminização da Psicanálise. Análise dos deslocamentos na produção sobre a feminilidade.* Tese de Doutorado apresentada ao Departamento de Psicologia. Pontifícia Universidade Católica — PUC-RJ, 1998. Disponível no endereço http://www2.dbd.pucrio.br/pergamum/biblioteca/php/mostrateses/php?arqtese =1998 Seddon_G_G.pdf. Inédito. No prelo.

[7] SEDDON, Gloria Georgina. *Feminização da Cultura Contemporânea: Poetização, Erótica e Carnavalização.* Tese de Doutorado apresentada ao Departamento de História Social da Cultura do Departamento de História, 2013, inédito.

[8] SEDDON, Gloria Georgina. [1991] *A ética da erótica contemporânea. A poetização da cultura contemporânea I.* Rio de Janeiro, Mundo Contemporâneo Edições, 2021.

REVIRAMENTOS DO FEMININO

formula Lacan a partir de sua compreensão heideggeriana do conceito freudiano de *das Ding*, a Coisa. É dentro desse segundo grupo que me encontro e que, penso eu, podemos situar esta obra de Denise Maurano.

Mais, ainda. Desde 2011, Maurano vem retomando uma linha cultural brasileira, que inclui o barroco brasileiro e se posiciona contra a influência europeia colonizadora. Neste ponto, lembramos as palavras de Oswald de Andrade: "Queremos a Revolução caraíba. Maior que a Revolução Francesa. A unificação de todas as revoltas eficazes na direção do homem. Sem nós, a Europa não teria sequer a sua pobre declaração dos direitos do homem" [9]. Oswald se refere à cultura indígena matriarcal, denominada por ele o "Matriarcado de Pindorama" [10], ligada à alegria que, segundo Oswald, é "a prova dos nove" [11], numa referência a uma lenda existente entre os povos indígenas brasileiros, lembrada por Friedrich Engels, em 1880, em seu *A origem da família, da propriedade privada e do Estado* [12]. No cerne dos estudos historiográficos vemos a coexistência de linhas românticas e de linhas iluministas: ora há hegemonia de uma, ora de outra. As linhas românticas valorizam o feminino, já as iluministas valorizam o masculino [13].

---

[9] ANDRADE, Oswald de. [1950] "O manifesto antropófago." In: TELES, Gilberto Mendonça. *Vanguarda europeia e modernismo brasileiro: apresentação e crítica dos principais manifestos vanguardistas*. 3a ed. Petrópolis: Vozes; Brasília: INL, 1976, p. 1.

[10] *Idem*, p. 3.

[11] *Idem, ibidem*.

[12] ENGELS, Friedrich. *A origem da família, da propriedade e do Estado*. Trad. H. Chaves. Portugal/Brasil: Editorial Presença/Livraria Martins Fontes, 1980.

[13] SEDDON, Gloria Georgina. *Feminização da Cultura Contemporânea: Poetização, Erótica e Carnavalização*. Tese de Doutorado apresentada ao Departamento de História Social da Cultura do Departamento de História, 2013, inédito.

Prefácio: A revolução do feminino

Maurano, munida de anos de pesquisa e de produção teórica, usa elementos de nossa cultura ameríndia e de nossos valores autóctones de forma a expandir ainda mais suas reflexões no campo da psicanálise.

A analista nos incentiva a trabalhar por uma ética do feminino, pela ética do desejo, que tem muitas afinidades com a tragédia, como mostra Lacan; por uma estética do feminino, como a do barroco, integrando assim os elementos relacionados às pulsões de vida, mas também às pulsões de morte, para amortecer a aproximação com o Real.

A política que guia a psicanálise também tem que ser guiada pelo campo do feminino: reinventar a psicanálise desde uma singularidade que não seja limitada por regulamentos ou regras ditadas de forma hierárquica por uma política de poder fálico, e sim por uma linha política afinada com o campo do feminino.

Maurano vem autorizando a si mesma, de uma forma ousada e arriscada, como rica produtora de teoria sobre o campo do feminino. Mas não é assim que um sujeito se autoriza como autor?

Contornando aquilo que Nelson Rodrigues chamou de "complexo de vira-lata", Denise Maurano nos representa, pois apresenta uma articulação nova e inédita na produção psicanalítica!

Nesta obra que você tem em mãos, Maurano nos provoca com uma questão que envolve diretamente o Brasil e que é de fundamental importância para todos os habitantes da Terra, enriquecendo a psicanálise de forma fundadora. Frente à sua proposta apaixonada e corajosa, penso que nenhum psicanalista deveria ficar indiferente!

Espero que vocês, leitoras e leitores deste trabalho tão denso, revolucionário e prazeroso, quando terminarem de lê-lo, façam como eu mesma fiz: voltem a saboreá-lo intelectual e emocionalmente. E desejo que agradeçam à Dra. Denise Maurano pelos caminhos de reflexão que ela nos abre a fim de repensarmos, desde a psicanálise, a questão do futuro da humanidade. Porque é urgente salvarmos a vida de toda a destruição causada pela necropolítica da ordem do capital.

Boa leitura!

Gloria Georgina Seddon

Psicanalista associada ao Corpo Freudiano. Graduada em Psicologia Clínica pela USU/RJ, fez especialização em Psicanálise, Grupos e Instituições no IBRAPSI; possui mestrado e doutorado em Psicologia Clínica pela PUC/RJ. Artista visual especializada em História da Arte e da Arquitetura do Brasil, doutora em História Social da Cultura, ambas do Departamento de História PUC/RJ. É autora do livro *A ética da erótica contemporânea* (Mundo Contemporâneo Edições, 2021).

Palavras de abertura

1. Reviramentos do feminino

Vou começar por uma anedota. Certa vez, já faz bastante tempo, fui dar um seminário em Varginha, Minas Gerais, sobre o tema do feminino e seus gozos. Eis que, ao final, fiquei completamente afônica. A voz me faltou absolutamente, justo quando eu tentava transmitir a dimensão irrepresentável do feminino, tal como tentamos concebê-lo na psicanálise. Poderia justificar esse ocorrido, pela força-tarefa de quatro horas seguidas de seminário ou pela incidência pontual de minha histeria. Mas creio que, no caso, o mais justo seria pensar na presentificação desse outro planeta, que se não é do ET, aquele de Varginha, é mais próximo dele do que de qualquer explicação racional que possa cernir esse episódio. Ou seja, certo é que há algo no feminino que, efetivamente, escapa à possibilidade de ser apreendido pelas palavras. Eis que na ânsia de transmitir esse irrepresentável, me faltou a voz.

Vale aqui lembrar a frase do místico São João da Cruz, que bem se aplica ao feminino: "Para se chegar, pois, a ela, há que se proceder antes não compreendendo do que procurando compreender. Deve-se antes pôr-se em trevas, do que abrir os olhos para a luz". Interessante pensar que existem outros modos de entendimento sensíveis ao brilho que emana das trevas, num movimento que, em vez de priorizar o esclarecimento, favorece a revelação. Ou seja, um certo acesso à verdade da experiência que independe da cognição.

Assim, a falta de voz, o não compreendido, as trevas, vão também, paradoxalmente, funcionar como aliados na abordagem do tema deste volume. Mas, para isso, é igualmente importante tentar especificar de que feminino se trata e por que é importante que ele seja abordado. No caso, será pela lente da psicanálise que o tratarei, sobretudo a partir do modo como entendo a contribuição do psicanalista francês Jacques Lacan ao tema. Porém, obviamente, Freud também estará na mira. Trata-se aqui do ensaio de construção de um conceito: o conceito de feminino — ou será ele um anticonceito, algo que indica o que é avesso à conceituação? De todo modo, focalizar o que sugiro denominar campo do feminino faz-se imprescindível dado que, como espero poder demonstrar, traz importantes consequências para a orientação do que diz respeito à ética da psicanálise, tendo incidências tanto sobre a teoria, quanto sobre a clínica psicanalítica. Além do que, se a psicanálise afeta a cultura e deixa marcas das quais não se pode retroceder, como vem acontecendo desde o século passado, é também fundamental que se possa acessar o que esse feminino vem agregar

PALAVRAS DE ABERTURA

a outros campos, como o social, o cultural, o estético e o político. Trata-se de pensar o favorecimento que sua focalização pode trazer.

Para melhor situar nosso campo de reflexão, quero começar por sublinhar que, na perspectiva desse trabalho, feminino e feminilidade não dizem respeito à mesma coisa. Da mesma maneira, evitarei a correspondência entre feminino-mulher e masculino-homem. Isso porque mulher e homem são termos correntemente utilizados para designações de sexos relacionados a distinções anatômicas que a biologia busca designar tipicamente como fêmea ou macho no ato do nascimento. Porém, a designação de gêneros, que diz respeito a construção subjetiva e social do modo como alguém habita seu corpo como sexuado — ou mesmo como assexuado —, abre um leque de possibilidades vastíssimas, revelando que um sujeito portador de um corpo tipicamente macho não necessariamente se identifica com o gênero masculino ou com os ideais culturais a ele atribuídos. Da mesma forma que uma fêmea típica, em termos biológicos, também não necessariamente se reconhece como feminina ou em seus ideais. Variações múltiplas também se estabelecem não apenas no modo como as pessoas constroem suas identificações sexuais, mas também no modo como os sujeitos escolhem suas parcerias, amorosas e sexuais, independentemente de se reconhecerem como tendo tal ou tal gênero.

Nessa altura da história de nossa civilização, depois da revolução sexual, é mister reconhecer que há uma liberdade de posicionamentos subjetivos que evidenciam uma diversidade nunca tão aclamada. Tal liberação teve a marca da contribuição da psicanálise e trouxe ganhos inestimáveis para o reconhecimento e o direito à cidadania, tanto para os sujeitos não identificados com a heteronormatividade, quanto para aqueles sobre

REVIRAMENTOS DO FEMININO

os quais pesava essa norma. E isso tudo, por mais que seja inegável a existência de um impacto entre o que aparece como sexo biológico — enquanto consequência de uma certa genética e uma certa fisiologia — e as consequências disso no campo psíquico —, no modo como cada um traduz psiquicamente esse estranho que é seu corpo e se vira para habitá-lo no campo social. Afinal, não o escolhemos quando viemos ao mundo, e, no entanto, é com ele que nos viramos nessa existência. Ainda que pela ajuda da medicina e dos fármacos prosperem as múltiplas possibilidades de intervenções e manipulações irreversíveis no corpo, o que nos foi dado como ponto de partida conta, e muito. Afinal, não tem como não contar. Acerca dessa discussão, reenvio o leitor a um texto que escrevi num livro do qual fui coautora com Alinne Nogueira, intitulado *(Ab)usos do corpo*[1].

O que me interessa avançar aqui não diz respeito ao campo do sexo enquanto biológico ou ao campo dos gêneros propriamente ditos, nas suas vastas performances, mas tangenciarei o campo da sexualidade, sobretudo para indicar o que excede a esse campo sexual. Ou seja, focalizarei o que, em nossa existência, não participa do sexual. É também importante que se esclareça que o sexual, tal como concebido pela psicanálise, tem um sentido muito mais amplo do que indicar o que se passa no que é relativo ao ato sexual. Por sexual fica compreendido tudo o que opera no circuito que liga um sujeito ao seu referente, o Outro, e como esse sujeito opera com os objetos que se prestam a fazer esse meio de campo. Assim, falar, por exemplo é uma atividade sexual, nesse circuito no qual visamos tocar o Outro, no qual a voz é o objeto que opera como meio.

---

[1]MAURANO, Denise; NOGUEIRA, Alinne. *(Ab)usos do corpo*. Curitiba: Ed. CRV, 2021.

PALAVRAS DE ABERTURA

Para princípio de conversa, tenho que destacar que minha referência ao feminino não se dirige a um ente ou a algum existente concreto da realidade. Ao mencionar "o" feminino, estou me referindo a um princípio, um modo de orientação, uma metáfora de um campo que nos escapa, mas no qual estamos todos imersos. Ou, melhor ainda, trata-se de uma alegoria, dada a amplitude do que vou tentar contornar. É também nesse sentido que o feminino não coincide com as mulheres, tal como as declaramos empiricamente, em nossa experiência cotidiana. Ou seja, enfatiza-se com isso que o "ente" feminino não existe enquanto tal, salvo se o construirmos miticamente. Nesse sentido, o feminino só existe como alegoria. O que se coloca como uma das leituras possíveis do aforisma lacaniano "A Mulher não existe", numa perspectiva em que não haveria nenhuma mulher empírica que funcione total e completamente por referência ao feminino. Aliás, não haveria nenhum existente completamente orientado por esse princípio, dado que o próprio princípio indica um tipo de endereçamento não totalizante, que justamente fura, desconstrói nossa ambição de totalização, unificação, identidade, apontando uma dimensão que excede a essa visada. Assim, trabalharei aqui com o que se refere a um universo que excede a visada totalizante.

Entretanto, proponho que partamos da concepção de que o feminino se apresenta em nós como o que vige no fundo de todo existente, como uma falta-a-ser que funciona não como um negativo, mas como possibilidade de tudo. Coloca-se como a pressuposição indispensável de um campo de indiferenciação, de continuidade, a partir do qual todo existente vai se destacar. Ainda que algo desse indiferenciado permaneça inexoravelmente em nós.

REVIRAMENTOS DO FEMININO

Não à toa o feminino é referido como uma espécie de terreno selvagem, tal como o mencionou Marguerite Duras numa entrevista em 1963, ainda que ela designe como feminilidade algo que buscamos cernir como feminino, deixando ao termo feminilidade a indicação do que contrasta com a masculinidade, indicando uma das possibilidades de composição de identidades — posicionamentos subjetivos performados a partir de múltiplas influências subjetivas e sociais. O feminino que aqui interessa é o Outro dessas montagens, é o que resta fora dessas operações. Mas, vamos a Duras: "Eu sei que quando eu escrevo, há algo que se faz [...]. Eu deixo agir em mim alguma coisa que sem dúvida procede da feminilidade [...], é como se eu retornasse a um terreno selvagem"[2].

Essa citação bem serve ainda para sublinhar a relação do feminino com o primitivo, o originário, lugar de onde emana a criação, não propriamente como determinação da ação de um sujeito, mas como uma concessão ao que lhe chega, de certa forma, de fora — "Eu deixo agir em mim...". É como se fosse desse feminino arcaico — no qual o termo "arcaico" agrega em sua etimologia *arché*, que significa o que é primeiro, fundamental — que emergisse tudo o que é da ordem da criação. Essa relação entre o feminino e a criação, tomada como ato de engendramento, também tentarei explorar.

Tal perspectiva se coaduna com uma certa concepção do barroco, que venho explorando há anos[3], como uma alavanca

---

[2] DURAS *apud* ADLER, Laure. *Marguerite Duras*. Paris: Gallimard, Folio, 2014, p. 16. "Entretien de Marguerite Duras avec Suzanenne Koapit", *Réalités. Fémina-Illustration*, março de 1963.

[3] MAURANO, Denise. *Torções: a psicanálise, o barroco e o Brasil*. Curitiba: Ed. CRV, 2011.

PALAVRAS DE ABERTURA

metodológica para promover a transmissão de aspectos complexos da psicanálise, sobretudo sua relação com feminino, malgrado todas as referências que temos ao pai, ao *phallus*, ao complexo de Édipo... A concepção de barroco da qual me sirvo, para a qual Lacan nos chamou atenção, encontra na proposta de Eugeni d'Ors, um estudioso dessa expressão no campo das artes, o mérito de concebê-la não encerrada em uma dimensão histórica, mas como um modo de orientação do psiquismo que extrapola a marcação habitual do tempo.

Segundo o autor, na história da arte, o classicismo, com sua exigência de precisão na representação, seria um feito de civilizações fundadas sobre a ordem e a disciplina, num equilíbrio *apolíneo*, ao modo das boas medidas do deus grego Apolo, e estaria do lado do que se designa por *animus*, em referência ao universo masculino. Já o barroquismo seria uma reapresentação, leia-se bem, re-apresentação, não representação, da vida selvagem e do paraíso natural, que ele identifica à *anima*, princípio feminino. Ressaltando que entre eles haveria sempre tanto uma oposição natural quanto uma aliança "conjugal"[4].

Para caracterizar essa dissimetria *animus/anima*, d'Ors serve-se ainda de outras metáforas como cosmos e caos, caminho e floresta, homem civilizado e selvagem. Sempre ressaltando, de certo modo, de uma maneira que a meu ver é muito interessante, que a concessão de um lugar à nossa barbárie profunda seria a garantia de nossa civilização[5]. O que inclusive me parece uma dica preciosa para o tema da segurança pública, não é mesmo?

---

[4] D'ORS, Eugeni. *Du Barroque*. Paris: Gallimard, 1968, p. 83-84.
[5] *Idem*, p. 18.

REVIRAMENTOS DO FEMININO

Mas sigamos. Dessa forma, é conferida ao barroco a condição de uma certa estética do feminino, onde as tendências à obscuridade, à multiplicidade e à nostalgia da selvageria funcionariam como pano de fundo frente às tendências à unidade cristalizante, convocadas pelo equilíbrio racional.

O que ora me interessa na proposta de d'Ors vai menos na direção de caracterizar a oposição masculino/feminino, *animus/anima*, do que na indicação desse feminino que, tributário de uma relação com as origens, com o originário, com o que se encontra no princípio de tudo, não se opõe a nada, muito menos ao masculino, mas refere-se ao que é anterior a toda diferenciação. Situa-se fora da secção relativa ao sexual, e de todo universo das distinções. Esse feminino, que quero aqui destacar, apresenta-se como a referência ao que está fora-do--sexo ou ao que o ultrapassa. O que implica dizer que o sexual não concentra todas as possibilidades do existente, embora seja pelo crivo sexual que operamos as distinções indispensáveis para nos situarmos no mundo simbólico, onde encontramos nossas "jaulas" de proteção, construindo identidades que falem por nós, que nos apresentem.

O sociólogo francês Michel Maffesoli, em seu livro *No fundo das aparências*[6], buscando pensar sobre a contemporaneidade, propõe ver o mundo atual como regido por uma "lei tribal" no qual uma lógica da identificação, que suscita adesões efêmeras a pessoas ou a sistemas emblemáticos, vem marcar um novo espírito do tempo, substituindo a lógica da identidade que vigorou em toda a modernidade no esforço da unificação, da homogeneização que favoreceu o individualismo.

---

[6] MAFFESOLI, Michel. *No fundo das aparências*. Petrópolis: Vozes, 1996.

PALAVRAS DE ABERTURA

Ele se refere a esse ambiente englobante como o que exacerba não a presença de um eu autônomo e soberano, mas a participação no que o cerca, favorecendo um clima um tanto quanto místico. "Há na não-separação algo de místico"[7]. Argumenta que a mística, que dá à vida corrente uma forte carga espiritual, apresenta-se tanto no período barroco, como em nossos tempos. Nele, revela-se uma certa modalidade ética na qual, a partir de algo que é exterior a mim, pode se operar um certo reconhecimento de mim mesmo e, eu diria, um reconhecimento de que o "si mesmo" não é senão um recorte, sempre um tanto mal-acabado, de algo que nos transcende. Trata-se de uma dinâmica que celebra não propriamente um eu narcísico individual, mas a relação a outros, no que ele chama de *primum relationis*, marcando uma sensibilidade coletiva como tônica da existência social nesse mundo contemporâneo. Porque, afinal, não foi sempre assim.

Claro que eu poderia estender essa interessante discussão para pensar sobre a aceleração da conectividade do universo da *web*, bem como sobre a transitividade dos avatares que nelas constituímos nesse grande palco social, mas, nesse momento, não irei nessa direção para não nos dispersarmos. Ficaremos com as reverberações do *primum relationis*.

Se essa perspectiva sugere uma certa inspiração oriental, não é de se estranhar. Aliás, apoiado em d'Ors e em Bazin, o sociólogo francês infere que a exacerbação da expressão barroca, que com a tensão de suas torções e paradoxos dá forma privilegiada ao trágica, encontra-se sustentada nos efeitos das conquistas e expedições portuguesas, que ampliaram o

---

[7] *Idem*, p. 218.

mundo e as trocas, inclusive com o Oriente. E, por falar em trágico, Nietzsche também indica essa origem oriental do deus Dioniso, celebrado nas tragédias, e que aparece sempre como o que rompe com o princípio de individuação, acedendo ao fundo mais íntimo do ser humano no qual, ao terror de perder-se, soma-se um delicioso êxtase que encontra na embriaguez, no vinho, sua analogia. É por essa via que "o subjetivo se desvanece em completo autoesquecimento"[8]. Cabendo lembrar, por sinal, que em grego *ektasis* é transporte — condução da saída de si mesmo.

Curioso pensar que se, por um lado, morremos de medo de nos perdermos, sairmos de nós mesmos, enlouquecermos, deixarmos de responder como sujeitos identificados, por outro, há diversos meios bem-vindos, seja pela mística, seja pela embriaguez ou entorpecimento — inclusive amoroso — nas quais esse certo estado de fusão do interior com o exterior, esse apelo ao ilimitado — via por onde o sentido se alarga e faz vacilar toda a ordem das significações fechadas — é buscado ativamente. Nisso, talvez possamos reconhecer algo da irrupção do que aqui tento cernir como o feminino, articulando-o a suas manifestações no ato criador e em expressões artísticas que tem o barroco e o teatro trágico como belos exemplos.

Creio poder dizer que é como se o feminino indicasse um selo de origem: *Made in...* Lugar da procedência de tudo o que há. Nessa perspectiva, com esse termo não se designa um modo de identificação subjetiva que compartilharia com o masculino, ou com outras posições quanto à distinção sexual, uma

---

[8] NIETZSCHE, Friedrich. *O nascimento da tragédia.* São Paulo: Companhia das Letras, 1992, p. 219.

PALAVRAS DE ABERTURA

posição subjetiva possível. Como mencionei, pela designação de feminino *stricto sensu* tento cernir o que se situa aquém e além da divisão sexual, portanto, fora dela. Lugar um tanto mítico, paradoxalmente fora do que pode ser circunscrito de maneira precisa pelo campo da linguagem. O feminino fica, portanto, como o que pode se re-apresentar, e não se representar. Tal re-apresentação implica a intrusão consentida ou não dos efeitos desse feminino sobre nós. Diria que experimentamos "empuxos ao feminino", para o nosso melhor e também para o pior. Eis o que seria nosso modo particular de habitar nossos mistérios gozosos. Este feminino, ainda que alheio à distinção subjetiva, não é alheio à existência, ou melhor dizendo, na esteira de Lacan, à ex-sistência, sendo sua incidência vivida como uma experiência que se conecta à exterioridade, indicando possivelmente "um lugar mais longínquo do que o inconsciente", parafraseando aqui o título de um livro de Alain Didier-Weill[9].

Assim, feminino não seria o que se coloca como atributo do sujeito, mas a indicação do que se delineia como uma alegoria que, se tiver que se relacionar com um campo, estará muito mais do lado do objeto do que do sujeito. Afinal, o objeto precede o sujeito e é mesmo sua causa. A passividade que é atribuída ao objeto é, entretanto, o que move o sujeito a advir. Constituindo-se quase como um primeiro motor à *la* Aristóteles, se posso me permitir essa licenciosidade. O feminino refere-se, portanto, ao que precede o sujeito e que, no raio de um instante, pode se revelar quando o sujeito sai de cena ou

---

[9] DIDIER-WEILL, Alain. *Un mystère plus lointain que l'inconscient*. Paris: Flammarion, 2010.

REVIRAMENTOS DO FEMININO

permite essa "ex-corporação" — que pode ser pensada como fusão com o exterior, com o ilimitado, o infinito e o imaterial.

Aqui vale uma passagem. Um amigo pensador, Francisco de Moura Theófilo, fazendo incursões para fora de sua área, a neurocirurgia, escrevia um livro curiosamente intitulado *Adão era Eva*. Em nossas discussões, compareceu o argumento de que a metáfora da passividade atribuída ao feminino no modo de relação à pulsão talvez diga da natureza mascarada com a qual o que se faz objeto acaba por dirigir a ação do sujeito. Dizia ele: "O feminino ou, metaforicamente, o passivo, é o que nos remete ao objeto, que, por sofrer a ação, a define e a precede". Seu posicionamento parecia apontar para uma torção no curso da glorificação do sujeito em detrimento do objeto. Eu aguardava para acompanhar seus desdobramentos, mas ele infelizmente desistiu de sua empreitada que não deixou de continuar reverberando para mim.

Na trilha da questão da revelação, pode-se pensar ainda que esta abre espaço para uma experiência extática. Uma experiência imediata, portanto, que se dá a um só tempo, não mediada pela linguagem. Tal experiência coaduna-se com a hipótese lacaniana da existência de um gozo feminino, não fálico, supondo a ex-sistência de um Outro gozo, fora-do-sexo, fora da divisão e, portanto, alheio à subjetividade. Aí já entramos na proposta do psicanalista francês Jacques Lacan, para incluir nela algumas outras proposições. Creio também ser bastante fecundo pensar esse gozo feminino como podendo estar ou não submetido a uma entrega consentida, *a priori*, pelo sujeito. Nos termos desse consentimento, tal gozo parece ser aparentado ao que é atribuído ao êxtase místico que, aliás, é buscado ativamente. Ele, talvez, também possa ser vislumbrado na experiência da criação na qual o artista, desamparado do que é conhecido e

PALAVRAS DE ABERTURA

sem nenhuma garantia, entrega-se como meio para aparição do novo e, nesse ato arriscado, encontra na ação criativa o júbilo experimentado como gozo Outro.

Porém, a intrusão do feminino também pode se dar a despeito desse consentimento *a priori* do sujeito, como por exemplo no surto psicótico ou na loucura da devastação que comparece em certas perdas por demais traumáticas. Essa intrusão é presidida por um processo que não é de dessubjetivação, tal como este é aludido como uma experiência relativa ao fim de uma análise, mas sim de aniquilamento subjetivo. Processo no qual o sujeito se vê invadido, eu diria, não propriamente por um gozo Outro, mas pelo gozo do Outro. Outro, no caso, vivido como terrível e avassalador.

Na proposta de Braunstein, em seu livro *Goce*, ele distingue duas modalidades de gozo corporal, fora da linguagem. Por um lado, o *gozo do ser*, como mítico, perdido pela castração, anterior à significação fálica, que pode ser observado em certas formas da psicose. E, por outro lado, o *gozo do Outro*, como gozo feminino, também corporal, mas não submetido à castração, já que emergindo para além desta, portando os efeitos da passagem pela linguagem, ainda que fora dela[10].

Na perspectiva que desenvolvo aqui, o gozo feminino como gozo corporal, gozo do corpo que, enquanto objeto, precede o sujeito, abarca tanto o aspecto referido por Braunstein, ao que se encontra aquém da castração (*gozo do Ser*), quanto o que para ele se encontra além dela (*gozo do Outro*). Entretanto, ao que esse autor refere como *gozo do Ser*, eu proponho denominar

---

[10] BRAUNSTEIN, Nestor. *Goce: Un concepto lacaniano*. México: Siglo Veinteuno, 1990, p. 103-104.

como *gozo do Outro,* sublinhando o aspecto intrusivo dessa experiência, com reverberações inclusive psicóticas, mas não apenas, emergindo mais aquém da castração. Nela, não é o sujeito que goza, ele é abolido e é gozado pelo Outro. O gozo é do Outro. Agora, em referência ao que esse autor denomina como gozo feminino, enquanto gozo que ultrapassa a castração, creio ser mais apropriado denominá-lo *gozo Outro,* distinguindo-o do *gozo do Outro.* Certamente, essa denominação de *gozo Outro* indica outra possibilidade de gozar que não falicamente. É essa alteridade em relação à primazia fálica que, seja de um modo, seja de outro, indica o campo do feminino.

O suposto gozo feminino, hipótese lacaniana que sugere a existência de um gozo não fálico, não afirmativo do si mesmo, remetido ao que se encontra aquém e além do sexual, pode ter desdobramentos bastante ricos para pensarmos não apenas a teoria e a clínica, mas também a cultura. Afinal, é verdade que se goza, para o melhor e para o pior, num campo que extrapola o sexual. Mas se o sexual é o marco distintivo do que se pode identificar, como reconhecer isso que extrapola? É nesse sentido que, em sendo o gozo feminino uma hipótese, dado que ele não tem uma materialidade na qual se possa confirmá-lo com certeza, aceitar sua existência é como que um ato de fé. Aqui, uma outra anedota ilustra isso.

Estava eu, uns bons anos atrás, mais precisamente em 2003, num Congresso bastante concorrido em Viena — cuja organização contava com a Sigmund Freud Foundation —, ansiosa para apresentar, naquele contexto tão honroso, um trabalho sobre o barroco e a psicanálise, indicando justamente a pertinência do tema do gozo feminino. Enfim, chegou minha vez de falar e eu me esmerei em tentar despertar o público, já cansado com o longo dia de trabalho. Ao final, assim que

PALAVRAS DE ABERTURA

houve a abertura para as questões, imediatamente o ilustre psicanalista Gérard Haddad pede a palavra e diz de maneira cortante: "Muito interessante tudo isso que a senhora diz acerca do gozo feminino, mas eu gostaria de dizer que eu não acredito no gozo feminino". Sua colocação poderia ter soado impertinente e invalidado todo o esforço da minha exposição; porém, inversamente, percebi sua pertinência. E então, convocando-o a pensar comigo, ponderei: "O senhor menciona a crença, e é bem pertinente que o faça, dado que o gozo feminino é uma hipótese lacaniana. Nada garante sua existência factual. Porém, essa proposição não aparece do nada. Dada a insuficiência do gozo fálico que, por melhor que seja, sempre deixa a desejar..., a hipótese do gozo feminino, comparece como indicativo de algo que excede a esse gozo da afirmação do si mesmo, podendo remeter a experiências que se dão a despeito do sujeito que se é". E acrescentei: "Caso o senhor possa conceber essa hipótese, o que o senhor pensa que seria o gozo feminino?"

Fez-se um breve silêncio na sala, e o sr. Haddad respondeu interrogativamente: "Seria o gozo da mãe com o filho?". Imediatamente, um alvoroço se fez. Muitos diziam que não, que o gozo da mãe é extremamente fálico, ao que um largo debate pôde se efetivar, cumprindo meu objetivo de despertar a discussão sobre os gozos. Mas a tônica do que sublinho com esse caso é a dimensão na qual essa crença, essa hipótese, faz-se a meu ver indispensável. É por esse viés que insisto nela.

Tendo proposto essas palavras de abertura para *Reviramentos do feminino e seus mistérios gozosos*, antes de desenvolvê-lo mais detidamente terei que pavimentar o caminho pelo qual pretendo conduzi-los. Primeiro, trazendo uma nota, ainda que breve, acerca de como nos situamos frente ao feminismo

REVIRAMENTOS DO FEMININO

e a acusação da presença do sexismo na psicanálise para, em seguida, abordarmos o gozo fálico e a feminilidade e, só então, prosseguirmos propriamente com nossa discussão sobre o feminino e seus mistérios gozosos.

Para os objetivos aqui propostos, penso que não poderia ser diferente. Afinal, dada a dimensão inefável desse gozo feminino, que se coloca como mote para delinearmos o campo do feminino, nos resta tentar operar com seus contornos possíveis. Talvez também possamos pensá-lo como um campo que, paradoxalmente, funcione como o fundamento do impossível que participa do trabalho de educar, de governar e de psicanalisar, como o indicou Freud. Assim, o feminino nos confronta com o impossível. Mais do que isso, nos confronta com o que fazer diante disso.

A confrontação com o impossível, diferentemente da confrontação com a impotência, que se fixa na frustração, não nos paralisa, mas nos convoca a um "fazer com isso", fazer tecido no trabalho de luto decorrente da privação. Trabalho que libera a energia necessária à criação. O impossível incita a criação. Via por onde o não ser pode vir a ser, vir a ser... criado. Não há nenhuma garantia nisso, mas pode haver uma aposta. Assim, vamos a ela.

2. Uma nota sobre o feminismo

Os que atribuem a Freud uma perspectiva sexista e misógina parecem não ter tido acesso ou não ter atentado para a complexidade do que a obra freudiana insistiu em escancarar, malgrado todas as retaliações sofridas por ele em plena época vitoriana,

PALAVRAS DE ABERTURA

marcada por rígidos valores morais. Falar em bissexualidade humana, em histeria masculina, indicar a presença da sexualidade infantil e ainda atribuir a ela uma perversão polimorfa, computando todos esses elementos a dimensões presentes no psiquismo do ser humano sem tratar nenhuma delas como aberrações, muito pelo contrário, no mínimo tem que nos colocar em alerta frente às tentativas de produção de resistências à psicanálise, pelo viés dessas críticas a Freud. Além do que, as bases mais fundamentais da invenção da psicanálise, Freud as encontrou a partir da valorização da escuta de mulheres. Isso não significa que não possamos criticá-lo, ou criticar a psicanálise, porém é preciso que estejamos bem fundados e que nossa intenção seja avançar na teoria e na clínica psicanalítica, e não as desconstruir. Isso seria, como se diz, jogar o bebê fora junto com a água do banho.

Penso que, por mais que seja fundamental denunciar a dominação patriarcal que se entranhou na cultura e que atua em nós estruturalmente, agir para buscar minar os focos pelos quais ela se propagou e apoiar muitas das lutas feministas em diversas vertentes, é preciso tentar entender melhor o que será que favoreceu e continua favorecendo a irrupção e a propagação desse quadro de submetimento que talvez tenha dimensões a-históricas, e que penso que, antes de recair sobre a mulher, recai sobre o feminino, onde quer que ele compareça. Mais à frente, tentarei desenvolver isso.

A luta contra a dominação masculina vem encontrando, ao longo do tempo, e sobretudo desde o século XIX, grande expressão através do que se constituiu como movimento feminista que, passando por algumas ondas, foi renovando suas bandeiras. Na primeira delas, a luta das mulheres, inspirada pelos ideais de liberdade, igualdade e fraternidade que tinham

REVIRAMENTOS DO FEMININO

norteado a Revolução Francesa, era pela igualdade de direitos, tais como o de ir à escola, votar ou escolher seus casamentos e ter uma relação mais igualitária com seus maridos, se insurgindo contra o estatuto de figurar como propriedade deles.

Numa segunda onda, a questão da liberação feminina encontra, entre as décadas de 60 e 80 do século passado, a reivindicação pela igualdade cultural, social e sexual das mulheres. A filósofa francesa Simone de Beauvoir teve grande influência nessa fase, sobretudo com a escrita do livro *O segundo sexo,* que se tornou um marco para o feminismo com o questionamento: O que é ser mulher? Ela defende de maneira clara e brilhante que o sexo, enquanto fator biológico do ser humano, é completamente diferente do gênero. Este último, sendo uma construção social, encontra-se apoiado em papéis historicamente datados e culturalmente montados, ou seja, é marcado pelos artifícios e contingências de cada lugar e tempo.

Uma outra filósofa que merece destaque é a socialista e estadunidense Angela Davis. Ela se faz notar em sua luta que conjuga o feminismo, o antirracismo e o anticapitalismo. De maneira bastante engajada, na década de 70, defende uma rebelião contra a estrutura de poder sexista, denuncia a violência sexual contra as mulheres e reivindica seu empoderamento. Também em relação a esse período, cabe ressaltar o trabalho de Betty Friedan, uma americana que denuncia a mística construída em torno das mulheres — e que as caracteriza como intuitivas, sensíveis, voltadas à natureza, apartadas da cultura — como estratégia manipuladora para reduzi-las à vida doméstica e dominá-las de modo a dissuadi-las de reivindicar um espaço na vida pública. Essa onda é corroborada por muitas outras ativistas que, valendo-se do surgimento dos meios de comunicação de massa, organizaram protestos que enfim

PALAVRAS DE ABERTURA

ganharam grande expressão e visibilidade como, por exemplo, a famosa queima dos sutiãs no Estados Unidos.

Na sequência, temos o que se costuma identificar como terceira onda do feminismo, aquela que teria começado no final do século passado e que segue conosco. Nela, mantém-se a evitação de definições essencialistas da mulher, ou mesmo dos gêneros, com vertentes que defendem a ideia de não haver diferenças entre homens e mulheres, cujos papéis estariam apenas socialmente condicionados. A professora Judith Butler é um dos principais expoentes dessa vertente explicitada pelo que foi denominado como "teoria Queer". No livro *Problemas de gênero,* ela defende que as expressões de gênero e a sexualidade são socialmente construídas, sendo, portanto, passíveis de mutação[11]. Acredita que com a quebra do gênero, visto por ela como fluido e não binário, abre-se um caminho de desconstrução do poder patriarcal.

Essa terceira onda abriga também vertentes que advogam pelo feminismo da diferença entre os sexos. Bem como outras que centralizam a problemática das classes, a questão da cor, a participação da mulher negra, das lésbicas, dos transexuais, multifacetando a luta feminista numa pluralidade de frentes de ativismo.

Muito há o que conquistar com essas lutas que estão longe de serem concluídas. De todo modo, é preciso reconhecer as conquistas essenciais que elas já trouxeram, em especial para nós mulheres, mas também para todos os sujeitos. Aliás, nem mesmo esse estudo que compartilho com vocês agora

---

[11] BUTLER, Judith. *Problemas de gênero: feminismo e subversão da identidade.* Rio de Janeiro: Civilização Brasileira, 2003.

REVIRAMENTOS DO FEMININO

poderia ter lugar de existência se tais conquistas não tivessem acontecido.

Mas quero sublinhar que, nesses meus escritos, não estou dedicada a traçar uma história das mulheres ou de suas lutas, nem mesmo a fazer uma análise sociológica nesse sentido. Não me vejo nem habilitada para isso, nem motivada para ir nessa direção. Não tenho essa intenção, já que, como mencionei acima, nesta pesquisa não me ocupo propriamente das mulheres, mas do feminino. Essa disjunção é aqui essencial e mesmo radical. Como já mencionei, tento tratar a temática do feminino como uma alegoria, ou um anticonceito, que sirva como ferramenta para produzir um outro modo de entendimento distinto daquele da lógica totalizante que imprimiu, de maneira totalitária, uma política na produção de saber que varreu, seja para embaixo do tapete, seja para os ares, um modo de produção de entendimento essencial para a abordagem de tudo o que é humano e que extrapola ao domínio das objetividades e contradições.

Longe de indicar uma mística para as mulheres com a finalidade de retirá-las da vida pública e de afastá-las da política, na falácia de outorgar-lhes um lugar santificado doméstico, tal como denunciou a feminista americana Betty Friedan, na perspectiva que ora proponho, o feminino descolado da lógica da divisão entre os sexos indica um campo de existência marcado por uma política outra na qual a contradição sexual não incide, até porque não é o sexual que nele opera.

Dizendo de outro modo, quero experimentar discutir os efeitos psíquicos e sociais daquilo que escapa ao campo das pulsões sexuais, e mesmo o antecede. Não se enganam aqueles que pensam que estamos tentando encontrar um meio de revelar algo da incidência do campo da pulsão de morte que, articulado

PALAVRAS DE ABERTURA

ao instinto de morte, tal como este se encontra na natureza, indica o que nela é pertinente ao ciclo da vida. Ciclo no qual vida e morte se articulam moebianamente, por mais que nossa cultura ocidental trabalhe no sentido da negação da morte. Se a pulsão é um conceito fronteiriço na psicanálise, indicando a inscrição psíquica inclusive do que não se escreve, ou seja do que do real nos afeta sem que possamos cernir de que se trata, o que aqui nomeamos como feminino refere-se a esse domínio nebuloso que faz sua incidência no sujeito que nós somos e na cultura que edificamos com uma força muito além daquela que fomos capazes de reconhecer até agora.

Nessa perspectiva, nosso problema não é propriamente o que se colocou a partir da centralidade do *phallus* na construção da cultura via seus mecanismos imaginários e simbólicos no delineamento do campo das rivalidades sexuais, mas a negação, e mais do que isso, a recusa de um outro modo de operação, uma outra lógica de funcionamento e de gozo, presente em nossa existência e que escapa às disputas, que é alheio às distinções e nem por isso deixa de incidir em nosso psiquismo e em nossa cultura. Certamente, não por meio do que pode ser representado, mas como o que nos desperta de nosso estado ordinário, indicando a presença de um aquém e um mais além, um excesso, no qual a revelação à qual o feminino está apenso conjuga-se com uma dimensão do Real.

Real tomado enquanto o que comparece na realidade num lugar impossível de ser apreendido pelo sujeito, podendo potencializar não apenas o horror, mas sobretudo a fecundidade do furo, do caos que abre espaço para uma política do não-todo, possibilidade de tudo, revelando uma relação outra com o saber que pode comparecer como ato, como *savoir-faire*. Que essa política do feminino se espraie na cultura e se faça

Se você consideraram isso uma utopia, que assim seja. E

acessível a sujeitos posicionados como homens, mulheres, ou como quiserem e puderem, sem que isso incida meramente como fonte de horror e repúdio, é o que espero que ocorra com o avanço civilizacional.

Se vocês considerarem isso uma utopia, que assim seja. E que não haja nenhum demérito nessa visada, já que a utopia pode ser um modo de esperar, aliás um modo propositivo de esperar, porque afinal de contas, "é preciso um amanhã que nos salve do hoje", como destaca Edson de Souza ao valorizar a "utopia" como uma das categorias filosóficas mais importantes do século XX, citando Ernest Bloch.

Mas é bem verdade que, até aqui, o que encontramos prevalentemente foi o repúdio ao feminino, como se ele, com suas incidências, ameaçasse um modo de organização que se edificou sobre as distinções, como se a existência se restringisse a esse modo de funcionamento, como se só ele tivesse validade. Ficamos assim, siderados pelas identidades, por esse modo que prima por distinguir o Um, acredita-se Um, como se isso fosse possível nessa nossa experiência humana, tão plena quanto fragmentária.

Por esse viés, nós talvez possamos encontrar elementos que nos possibilitem deduzir de que forma se tornou tão imperativa a dominação do feminino, que comparece seja na mulher, seja no homem, ou em quem quer que seja. Ainda que sua incidência nas mulheres tenha ganhado ao longo da história uma dimensão mais óbvia, ela está longe de ser exclusiva.

Agora, depois desse longo parêntese no qual busco disjuntar o feminino e a mulher, e advertida quanto ao mar de resistências que posso encontrar, vou tentar esquadrinhar os pilares sobre os quais o conceito de *phallus* se tornou operante para a psicanálise naquilo que nela se refere ao campo sexual com as distinções e dissimetrias que lhe são pertinentes.

Os embaraços do phallus

1. A ereção do mundo simbólico

Se me refiro ao mundo simbólico, é porque certamente existem outros mundos, ou seja, existem outras experiências de mundo. Como, por exemplo, o mundo imaginário, recortado pelo efeito de sentido apoiado pelas impressões da imagem através da qual creditamos existência a algo, mundo siderado pelas certezas de São Tomé, aquele que se satisfaz com o "ver para crer". Mundo herdeiro de elementos da etologia, do registro animal subvertido pela nossa humanidade, mas, ainda assim, presente em nós.

Há também o mundo real que é aquele que está referido a sua impossibilidade de acedermos a ele enquanto tal, dado que, como tudo o que diz respeito à realidade por nós observada, o

REVIRAMENTOS DO FEMININO

que é acessado já é o resultado de um processamento que passa pelos nossos órgãos dos sentidos. Se assim for, sofre, consequentemente, os efeitos de nossa subjetividade, impregnando de nós mesmos todas as nossas observações. Mas, ainda assim, esse apelo ao real não cansa de insistir em nós, e não cansa de não se escrever. Ele escapa. Escapa ao ponto de, para que a realidade nos pareça coerente e organizada, termos que subtrair dela esse osso do real que contesta toda certeza.

Já o mundo simbólico, está apoiado no fato de que, como nosso acesso é interditado às coisas elas mesmas, como mencionei acima, nos valemos da linguagem, das representações, dos símbolos por nós inventados para traduzirmos nossa experiência humana. Na perspectiva simbólica, a dimensão do sentido das coisas agrega sempre a possibilidade do contraditório, do duplo sentido, já que nesse campo trabalhamos com os representantes. Nessa perspectiva, a significação é inferida a partir da relação de um elemento com o conjunto, não sendo, portanto, fixa de uma vez por todas. É isso que faz dele uma organização estrutural na qual as estruturas de parentesco, os mitos, as trocas discursivas se apoiam.

Real, Simbólico e Imaginário são três registros que servem de crivo para toda a experiência humana. Tudo o que vivemos passa por decodificações que atravessam de diferentes maneiras, e com diferentes intensidades, esses três registros. Seja na experiência da ruptura de uma relação amorosa ou na do tropeção numa pedra no meio do caminho, ou qualquer outra, estão imbricadas nossas possibilidades de vivenciá-las, valendo-nos de filtros imaginários e simbólicos. Tendo sempre como pano de fundo, além disso, a possibilidade de as vivenciar como não tendo sentido algum, evidenciando a impossibilidade de saber remetida ao real.

Os EMBARAÇOS DO PHALLUS

Trago esses elementos pois, além deles funcionarem como um crivo precioso para melhor entendermos a teoria e a clínica psicanalítica, serão imprescindíveis para trabalharmos com a função do *phallus* na psicanálise. Isso exigirá de nós um esforço de articulação desses três registros. Eles foram propostos por Lacan desde a Conferência de Fundação da Sociedade Francesa de Psicanálise, em 1953, e retomados como articulados em nó, o chamado nó borromeano, em 1975, quando o autor revela tê-los extraído do discurso de Freud. A articulação Real, Simbólico e Imaginário, na qual um registro não vai sem os outros dois, passa a ser uma ferramenta essencial para pensarmos a complexidade das propostas psicanalíticas. E nada mais complexo que esse conceito de *phallus*, que já causou tanto alvoroço e foi alvo de tantas críticas à psicanálise, sobretudo advindas das feministas. Assim, vamos tentar enfrentar essa questão.

Todos sabem que a noção de *phallus* é preciosa para a psicanálise, mas, da mesma maneira, de tão usada que ela foi, parece ter sido um tanto banalizada, ou incompreendida, razão pela qual vou tentar retomá-la por um outro caminho, esperando com isso pavimentar o trajeto de busca de um modo de transmissão que tente dirimir o quanto possível, o impasse que se instalou quando se atribuiu equivocadamente à psicanálise — por conta de certas concepções acerca do *phallus*, do Nome-do-Pai, do complexo de Édipo e algumas outras — uma visão sexista, ou mesmo misógina, atribuída a Freud e até a Lacan. Vou começar pelo início. Vamos sobrevoar o início da vida humana.

Antes de tudo é preciso entender que, exilados de uma suposta perfeita sincronia com o mundo natural no qual o saber instintual nos conferiria a possibilidade de um gozo corporal, mítico, compatível com uma relação certeira entre

REVIRAMENTOS DO FEMININO

necessidades e objetos específicos para sua satisfação, nossa humanização se deu por meio de um corte que nos exigiu uma invenção. Eu explico. Enquanto animais que nascem muito prematuros, nós não temos esse saber que indicaria de forma precisa a "coisa" que nos satisfaria, nem o modo de obtê-la. Assim, ficamos perdidos procurando a dita cuja. Perdidos inclusive em saber o que efetivamente seria nossa necessidade. Isso nos faz animais extremamente dependentes do Outro que vem em nosso socorro — única possibilidade de sobrevivermos. Nos constituímos nessa dinâmica na qual tudo o que *a priori* deveria ser natural, como comer, beber, dormir, copular, reproduzir... torna-se elemento de aprendizagem e de invenção. Ou seja, no lugar do saber instintual que nos falta, inventamos um saber de artifício, com o qual nossas supostas necessidades básicas são subvertidas e atravessadas pelos sentidos que lhes atribuímos. Inventamos palavras e todo um universo de linguagem através do qual tentamos nos virar.

Só que, na verdade, pegamos o bonde de uma invenção que já está andando há muito tempo. Uma invenção feita pelos nossos ancestrais, criando, portanto, o mundo simbólico no qual as coisas não são o que são, mas o que representam ser. A linguagem, cada ser humano a apreende do Outro, desde a lalação, o mamanhêz, esse modo curioso com o qual somos invocados, ainda bebês, por nossas mães ou cuidadores, a falar. E assim, com a entrada na linguagem, vamos ladrilhando com palavras e expressões esse abismo que nos separa do Outro e que nos propicia, de certo modo, a reinvenção da natureza. Convencionamos acreditar que com as palavras desvelamos os seus mistérios e acedemos à verdade das coisas, e levamos isso bem longe para nos proteger do desamparo. Pela tricotagem simbólica, tecemos malhas que sustentam diferenciações,

OS EMBARAÇOS DO PHALLUS

categorizações com as quais tentamos contornar o vazio de saber que está no cerne de cada elo tricotado.

É nessa perspectiva do que se desvela, do que indica a diferença, que o termo *phallus* vai nos interessar tanto, constituindo-se como uma noção central na psicanálise. Porém, é bom que saibamos que, curiosamente, bem antes disso, desde a mais longínqua pré-história, encontramos traços da referência ao pênis ereto, pronto a emitir o sêmen, fonte da vida, imagem do princípio criador, reverenciado como *phallus*. Como se lhe atribuíssem um vínculo entre a fecundidade no mundo natural e o que faz germinar o mundo simbólico. Daniélou[1], estudioso do hinduísmo, observa que sua veneração está na origem de todas as religiões. Ele argumenta que não é o órgão físico que é venerado. É como se a dimensão macrocósmica da criação evocasse, com a representação do *phallus*, a beatitude divina presente no microcosmo, em todo ser vivente. Como se o *phallus* fosse o aspecto perceptível da divindade. Seu culto aparece na civilização que se desenvolve da Índia ao extremo ocidente no início do período neolítico, depois do fim do período glacial, a partir do oitavo milênio, antes de nossa era.

Mas também é preciso saber que, ainda antes disso, pinturas e esculturas rupestres do período paleolítico revelam a presença mais expressiva de representações rituais do princípio feminino, ainda que haja exceções como, por exemplo, o homem com cabeça de pássaro e pênis ereto de Lascaux (feito há cerca de 20.000 anos). Isto sugere pensar numa certa passagem da veneração da vulva à do *phallus*, como ligada à descoberta da paternidade, o que não é nada evidente para as civilizações

---

[1] DANIÉLOU, Alain. *Le phallus*. Puiseaux: Ed. Pardès, 1993.

primitivas. A evidência banal para nós de que o sêmen seja o elemento que fecunda o óvulo, possibilitando a geração de uma nova vida, necessita de uma abstração nada óbvia.

Isso é destacado no trabalho de Rose Maria Muraro[2], que comenta a passagem da valorização da figura da mulher, evocada por ela numa referência ao feminino enquanto conectada ao sagrado, dada sua capacidade de gerar vida, para o processo de construção da supremacia dos homens. Mais do que a valorização da caça de grandes animais, para a qual era exigida a força física, a descoberta masculina de sua participação na fertilização das mulheres, isso que se configurou como o poder do pênis e da paternidade, trouxe a reboque o intuito de dominar e controlar a mulher.

No texto *Totem e Tabu*, Freud evoca a precedência de todos os cantos das divindades maternas em relação aos deuses-pais, ainda que seja para dizer que não sabe dizer a respeito. Chega também a mencionar, neste mesmo texto, a presença nos filhos de uma satisfação simbólica na cultura da terra, maternalmente nutritiva, que satisfaria uma libido incestuosa.

Segundo a observação de Schorske[3], a partir de 1900, a preocupação de Freud acerca de sua judeidade o levou a interessar-se pela cultura egípcia, que trazia elementos que contradiziam a fé de seus pais. O Egito era a terra das mães e das idades primitivas, era investido como uma terra misteriosa que permitia o acesso às origens da cultura. Seu estudo "Da bissexualidade humana" (1908) e seu artigo "O sentido antitético das palavras

---

[2] MURARO, Rose Marie. *Os seis meses em que fui homem*. Rio de Janeiro: Ed. Rosa dos Tempos, 2017.

[3] SCHORSKE, Carl. *Viena fin de siècle: política e cultura*. São Paulo: Ed. UNICAMP/Cia. das Letras, 1989, p. 272.

Os EMBARAÇOS DO PHALLUS

primitivas" (1910) testemunham esse seu interesse por um modo de operar com o entendimento que escapa à lógica da contradição. A concepção de que uma mesma palavra possa acolher uma ideia e seu contrário parecia apresentar as mesmas características das primeiras divindades bissexuais do Egito, onde a união dos contrários está presente, para apenas posteriormente se dividirem em termos antitéticos. Essa influência dos estudos da cultura egípcia comparece também nos trabalhos "Contribuições à psicologia da vida amorosa" (1918) ou "Sobre a sexualidade feminina" (1931).

É verdade que, num outro texto, "O homem Moisés e a religião monoteísta", de 1939, apesar de Freud ter diferido da ideia que tanto o tinha cativado acerca do Egito como terra da religião bissexual e das mães primitiva, ainda assim a alusão a anterioridade do feminino comparece na citação transcrita abaixo, mesmo que seja via menção à maternidade:

> a passagem da mãe ao pai caracteriza [...] uma vitória da vida do espírito sobre a vida sensorial; dessa forma, é um progresso da civilização, pois a maternidade é atestada pelo testemunho dos sentidos, enquanto a paternidade é uma conjectura, ela é edificada sobre uma dedução e sobre um postulado.[4]

Na interpretação presente nesse texto, Moisés compareceu como estabelecendo o caráter mais fundamental da cultura judaica como sendo "a *Geistigkeit*, esta mistura de

---

[4] FREUD, Sigmund (1939). "Moisés y la religión monoteísta". In. FREUD, Sigmund. *Obras Completas, v. 23*. Buenos Aires: Amorrortu Ed. 1988, p. 213. [Nota da editora: a autora utiliza da edição argentina das obras completas de Freud. Os trechos citados em português são de tradução dela.]

espiritualidade e de intelectualidade, que se opôs à *Sinnlichkeit*, o que pertence ao domínio dos sentidos"[5].

Ainda segundo Schorske:

> Seu projeto de justificar os judeus como a *Kulturvolk* masculina conduziu Freud, por consequência, a negligenciar no curso de suas segundas escavações egípcias, os tesouros conceituais que ele tinha escavado na ocasião das primeiras. Ele abandonou as pistas que ele próprio tinha aberto para uma possível teoria bissexual do desenvolvimento cultural.[6]

Mas é bom atentar para o fato de que o dinamismo, a dimensão paradoxal e o acolhimento do que não se conforma às normas vigentes, ou seja, acolhimento daquilo que faz furo no saber generalizante, que interroga a cultura, não parou de fazer incidência na psicanálise e de continuar provocando o pensamento de Freud naquilo que há de mais fundamental na sua construção teórico-clínica. E, como poderei avançar mais adiante, mesmo a referência ao *phallus*, ao pai, ao complexo de Édipo, tão centrais na teorização psicanalítica, longe de indicarem a misoginia ou o sexismo, servem bem mais para indicar um "a menos" em relação àquilo que se esperaria deles como solução do que para revelá-los como importantes, porém insuficientes para cernir a existência e nos salvar do fundamento traumático da sexualidade em nós.

Afinal, os bons entendedores sabem que o destino do *phallus* é, na melhor das hipóteses, a castração. O do pai, sua queda, ou

---

[5] SCHORSKE, Carl. *Viena fin de siècle: política e cultura*. São Paulo: Ed. UNICAMP/ Cia. das Letras, 1989, p. 274.

[6] *Idem*, p. 278.

Os embaraços do phallus

ultrapassagem. Quanto ao complexo de Édipo, não à toa é referido como complexo, buscando apenas oferecer uma estrutura para pensar os impasses presentes nas múltiplas conjugações entre o que se pode estabelecer no campo das identificações e naquele das escolhas amorosas e sexuais, na sua mais absoluta pluralidade em relação aos ditames sociais. Além do que, o que se espera do destino do complexo de Édipo é sua dissolução.

Entretanto, é bem verdade que diversas afirmações de Freud — e mesmo, por vezes, suas análises —, se retiradas do conjunto de sua obra, se não forem muito bem contextualizadas, podem deixar um campo aberto para todo tipo de compreensão, das mais justas às mais equivocadas. Isso também vale para Lacan. Ou seja, podemos encontrar passagens que trazem argumentos para sustentar as teses mais absurdas, se confrontadas com o conjunto da obra. Afinal, nem sempre a pessoa atravessada pelas contingências de seu momento está à altura de sua própria obra. Aliás, quantas vezes nos espantamos, positiva ou negativamente, com o que nós mesmos fomos capazes de escrever! Tais passagens nos deixam um grande problema para a transmissão e difusão da psicanálise. Exigem de nós uma releitura e uma retomada dessas obras-mestras que nos permitam avançar tentando minimizar os efeitos nefastos de certos desvios do entendimento, ocasionados, às vezes, por certas afirmações infelizes feitas pelos próprios autores.

A tarefa de reinvenção da psicanálise, aludida por Lacan e sublinhada por Alain Didier-Weill, nos convoca para a responsabilidade de nos autorizarmos a avançar na trilha de uma invenção cujos fundamentos encontram-se muito bem edificados. É claro que podemos, inclusive, não concordar com esses fundamentos, mas aí é bom que tenhamos o discernimento de batizar nossa invenção com o nome que bem nos aprouver, e não denominar como psicanálise aquilo se afasta de seus alicerces.

REVIRAMENTOS DO FEMININO

2. O *phallus* como Linga

A Índia é vista como a região onde, desde a pré-história até nossos dias, se perpetua, sem interrupção, o culto ao *phallus*, culto à "Linga", em sânscrito. Aqui, podemos reconhecer algo bastante curioso. Linga quer dizer "signo": "O signo distintivo pelo qual se pode reconhecer a natureza de alguma coisa é então chamado Linga."[7] Nessa perspectiva, é importante destacar que o princípio a partir do qual o universo surge é sem forma, ou seja, sem Linga, sem distinção. À Linga é atribuída a possibilidade de distinção de tudo o que há. Em contrapartida, haveria Shiva que, como divindade suprema, seria sem signo, "(sem sexo), sem cor, sem gosto, sem odor, fora do alcance das palavras e do toque, sem qualidade, imutável, imóvel"[8].

A partir dessa leitura de Shiva — digo "dessa" porque há outras —, pode-se suspeitar de uma proximidade dessa presença no hinduísmo com o que estamos buscando delinear o que aqui apreendo como feminino. E isso apesar de Shiva também ser representado como um homem que possui quatro braços, sentado em posição de lótus, e ser referido como um dos criadores do Yoga.

Na referência encontrada por Daniélou nesse texto em sânscrito, *Linga Purâna*, Shiva não é visível, mas é a fonte de toda visibilidade. Constitui-se como o poder destruidor e regenerador

---

[7] *Linga Purâna,1.6.106* in DANIÉLOU, Alain. *Le phallus*. Puiseaux: Ed. Pardès, 1993, p. 23.

[8] *Linga Purâna,1.3.2-3, idem, ibidem.*

OS EMBARAÇOS DO PHALLUS

que preside o ciclo da vida. Desse modo, em última instância, Shiva é que seria adorado na veneração do *phallus* pela qual se tenta apreender esse ser transcendente em um signo. O sexo comparece como a forma na qual se manifesta a natureza do que não tem forma. Mas não é o órgão sexual que é venerado, e sim a dimensão cósmica à qual ele remete e que está presente em todas as coisas, não apenas nos homens, não apenas no pênis. Nessa perspectiva, podemos pensar que o *phallus*, no que ele comporta de signo, seria o véu que recobre Shiva ao mesmo tempo que deixa transparecer o que está mais aquém.

Nesse ponto, cabe lembrar que a questão da impossível representação da mulher, enunciada por Freud, é assim referida por Lacan:

> Não há propriamente, diremos nós, uma simbolização do sexo da mulher como tal. Em todo caso, a simbolização não é a mesma, não tem a mesma fonte, não tem o mesmo modo de acesso que a simbolização do sexo do homem. E isso porque o imaginário fornece apenas uma ausência, ali onde alhures há um símbolo muito prevalente.[9]

Isso quer dizer que é no jogo de antinomias que o psiquismo compõe as marcas significantes. Nesta perspectiva, o feminino será referido exatamente pela ausência que ele indica, o que abre espaço para um espanto que desassossega. O feminino não funciona com a comodidade rasa das evidências, mas com a fecundidade profunda do enigmático. É nisso que se situa sua

---

[9] LACAN, Jacques. *O seminário, livro 3: As psicoses*. Trad. Aluísio Menezes. Rio de Janeiro: Zahar, 1988, p. 201.

REVIRAMENTOS DO FEMININO

força. É isso que faz do feminino tanto polo de horror quanto de atração. A personagem Pensée, que integra a terceira peça da trilogia de Paul Claudel, *Les Coûfontaines*[10], é uma moça linda e cega que, entretanto, se desloca com destreza no espaço. Ela é quem desvia Orian, outro personagem, de seguir a carreira eclesiástica, fazendo-o confessar por fim que, mesmo lhe anunciando a morte — pois a entrega a esse amor o desviará do Pai —, é justamente isso que ama nela.

Essa personagem faz incidir a castração, a falta, no mundo masculino limitado pelo apelo ao sentido, à representação, ao *phallus*. Ela é abertura para a possibilidade de tudo, nesta diferença que está sua força. É isso o que a torna irresistível. Ainda que a castração seja tão temida, é também extremamente ansiada, já que é só a partir da falta que ela circunscreve que se pode ativar o desejo, a função desejante, lançando um sujeito sempre para mais além, lançando-o à busca que sustenta a vida. Sua apreensão na perspectiva imaginária, mais primária, suscita horror, por conta de a falta ficar equivocadamente identificada como perda de algo que se teve ou se poderia ter, e não como condição radical de possibilidade de existência desejante para todo sujeito. Que Pensée figure como uma personagem mulher, que desarticula toda a falácia do sentido, talvez tenha sido a estratégia de Claudel para indicar a complexidade da potência do feminino — que não se restringe à potência da mulher, já que a castração é a contingência do humano sexuado, habite ele a identificação que lhe for possível.

Na psicanálise desde Freud, e reiteradamente na obra de Lacan, o *phallus* tem sobretudo a função de operador da

---

[10] CLAUDEL, Paul. *Les Coûfontaines*. Paris: Gallimard, 1990, p. 402-403.

Os EMBARAÇOS DO PHALLUS

dissimetria indispensável ao desejo, o que vai indicar uma certa organização da sexualidade do sujeito, permitindo acesso ao gozo sexual. Se nas sociedades romanas, egípcias, gregas e etruscas da Antiguidade, em diversas representações, o *phallus* diz respeito a um simulacro do sexo masculino investido de poder, de saber e de fecundidade, celebrado em rituais religiosos, enquanto conceito psicanalítico, a referência ao *phallus* indica a emergência do sujeito humano como sujeito de um desejo não referido às forças vitais metafísicas, mas exatamente ao ponto de ligação do sexo com a palavra, com a invenção que nos humaniza. Nele conjuga-se a inauguração do *lógos* com o advento do desejo, como se o significante fosse extraído da carne e cunhasse nosso modo de habitá-la. Como se essa descoberta da participação da explosão do sêmen na criação da vida na ordem da natureza viesse a servir como representação do humano enquanto criador da cultura.

A esse respeito, encontra-se no verbete do *Dictionnaire Larousse de la Psychanalyse* a seguinte definição: "Significante do gozo sexual, ele é o ponto onde se articulam as diferenças na relação ao corpo, ao objeto e à linguagem"[11]. Dessa forma, não lhe sendo atribuída substância mágica alguma — metafísica ou religiosa — temos que destacar que, para a psicanálise, o *phallus* tem sobretudo uma função lógica. Ou seja, é o que vem situar-se no imenso hiato existente entre o sujeito e sexo, ou entre homens e mulheres, ou todos os sujeitos entre si, indicando a possibilidade, em última instância, de uma significação fundamental que se coloca, entretanto, sempre velada e alhures,

---

[11] CHEMAMA, Roland. *Dictionnaire de la Psychanalyse*. Paris: Larousse, 1993, p. 207.

REVIRAMENTOS DO FEMININO

impossível de ser apreendida. O *phallus*, ao mesmo tempo em que é investido como o que daria consistência ao mundo simbólico enquanto impossível, é o que o evidencia sua inconsistência. Estando o simbólico remetido ao Outro, enquanto referência que situa nosso acesso ao tesouro da linguagem, essa inconsistência revela que não há fiador para o Outro. A linguagem se sustenta nela mesma, e não numa verdade última.

Assim, o *phallus* não é verdade última, razão pela qual não lhe resta outro destino na experiência humana que não seja a castração. O acesso à plenitude que dele se poderia esperar ($\varnothing$), só se evidencia como claudicante ($-\varphi$), a menos, parcial, uma vez que para nós, humanos, nenhum objeto responde integralmente ao projeto de completude. Assim, a castração é a operação pela qual tanto abrem as portas para a corrida desejante, que vivifica o psiquismo na busca que nos coloca em relação às satisfações possíveis, quanto, por sua evitação, aquilo que nos paralisa, fixando na mortificação sintomática, na nostalgia de uma suposta plenitude que, na verdade, para o ser humano, nunca houve.

3. Do Nome-do-Pai ao Inominado S($\cancel{A}$)

Com o termo Nome-do-Pai, Lacan sublinha a dimensão significante da função paterna, situando o complexo de Édipo como uma estrutura através da qual o sujeito entra na cultura via uma operação que articula o desejo à Lei, indicando a maneira pela qual cada sujeito vai se haver com o *phallus*. É no interior da família que o sujeito, desnaturalizado pelo efeito mesmo de sua humanização, encontra na lei simbólica os elementos com os

OS EMBARAÇOS DO PHALLUS

quais vai compor seu "romance familiar" a partir dos interditos e lugares fixos de parentesco, situando-se numa árvore genealógica que lhe concede lugares e lhe atribui funções. Essa estrutura simbólica permite ao sujeito buscar meios para nomear seu desejo, cartografando sua posição no mundo.

Para situar essa dimensão em que o plano do significante se manifesta como estruturante do desejo, do sentimento, da afetividade e mesmo de tudo o que permanece para nós na mais absoluta obscuridade, Lacan utiliza a metáfora da estrada principal. Ele diz:

> A estrada principal é assim um exemplo particularmente sensível do que lhes digo, quando falo da função do significante enquanto ele polariza, engancha, agrupa um feixe de significações. Há uma verdadeira antinomia entre a função do significante e a indução que ele exerce no agrupamento de significações. O significante é polarizante. É o significante que cria o campo de significações.[12]

Por essa via, ele atribui ao significante uma função homóloga à de um mapa para as relações com a terra. Isso porque nosso contato com a terra mesma, ou com uma realidade outra que não a realidade psíquica, é intermediado pela linguagem. Lacan observa que a noção que temos de realidade, "a realidade com que lidamos é sustentada, tramada, constituída por uma trança de significantes"[13].

---

[12] LACAN, Jacques. *O seminário, livro 3: As psicoses*. Trad. Aluisio Menezes. Rio de Janeiro: Zahar, 1988, p. 328.

[13] *Idem*, p. 289.

REVIRAMENTOS DO FEMININO

Na psicanálise, a função paterna, não à toa referida na proposta lacaniana como função do Nome-do-Pai — que em seu estatuto de função pode operar a partir de quem quer que seja, a mãe sobretudo —, visa justamente esse trabalho de nomeação, via por onde nos organizamos no universo simbólico.

A cultura referida à tradição patriarcal sempre deu ênfase à relação do homem com o pai. Desde a Antiguidade, obras como a *Ilíada*, de Homero, oferecem um excelente exemplo quando referendam seus heróis a partir de sua filiação — fulano, filho de beltrano, o mais corajoso; ou o mais engenhoso; ou não importa o quê, situando nisso a medida do sujeito, seu *metron*. É bem verdade que a maneira de abordar a relação com o pai muda através dos tempos, o que me fez situar alguns níveis de sua incidência, no que se organizou em termos culturais, tomando dimensões religiosas, artísticas, políticas e tantas outras quanto permitem os recursos da civilização.

O apelo a que o pai funcione, no primeiro capítulo do "Mal-estar na cultura", é atribuído por Freud ao desamparo inaugural do animal humano face à condição de insuficiência, de prematuridade na qual chega ao mundo. Tal desamparo, apontado por Freud, é redimensionado por Lacan. Sendo privado da autonomia franqueada pela regência do saber instintivo, nós humanos, exilados no campo da linguagem, pagamos com a inconsistência de ser o preço da nossa liberdade. Atrapalhamo-nos com isso, perdidos acerca da ansiada justa medida do que seria a ação correta. Mas, ao assumirmos esse ônus, apelamos a um fiador, pedimos caução ao Outro, e é nessa condição que nos tornamos sujeito — *subjectu*, do latim, posto debaixo —, assujeitados ao Outro.

A questão é que nessa alienação, fundamental ao ser humano, sua subjetivação passa por constituir-se como o

Os EMBARAÇOS DO PHALLUS

desejo do Outro, desejo a partir do qual encontra os parâmetros de medida para tornar-se desejante. É nessa perspectiva que o homem é tão livre quanto determinado. Não somos um elo solto no universo, mas elos de uma corrente que nos antecede e que deverá nos suceder.

Esse Outro que toma diversas configurações — mãe, pai, irmão, pátria, ou seja lá o que for —, é investido amorosamente pelo sujeito. É nesse sentido que a psicanálise vai destacar o caráter sexual da linguagem, caráter de promoção de laços, no qual o sexual ganha um sentido amplo, como Freud propôs em 1923, como o que se situa para além da "aspiração a união dos sexos no ato sexual ou a produção de determinadas sensações de prazer nos órgãos genitais"[14].

Assim, se o Outro é apelado como proteção frente ao desamparo aniquilante, a dimensão sexual de Eros, princípio de união, também comporta uma face terrificante que é descrita por Aristófanes no *Banquete*, de Platão, como a função de, de dois, fazer um. Nisso, podemos perceber a dimensão letal do amor que, aliás, comparece nas fantasias infantis como medo de ser devorado por algum tipo de Outro terrível.

Desse modo, para que um sujeito se constitua como desejante, à operação de alienação no desejo do Outro deve-se conjugar uma outra operação, conforme Lacan enfatiza no seminário dos *Conceitos fundamentais*: a operação de separação. Será através dela que o desejo, por meio de uma torção particular, comparece como desejo do desejo do Outro, como que elevado à segunda potência, por onde um passo é dado mais além

---

[14] FREUD, Sigmund. (1923) "Psicoanálisis y Teoría de la Libido". In. FREUD, Sigmund. *Obras Completas, v. 16*. Buenos Aires: Amorrortu Ed. 1988, p. 240.

REVIRAMENTOS DO FEMININO

das identificações imediatas. Assim, o sujeito, quando "aparece em algum lugar como sentido, em outro lugar ele se manifesta como 'fading', com o desaparecimento"[15]. Algo que nega, interroga, põe em suspeição sua própria aparição. Daí toda a nossa dificuldade em nos definirmos de uma vez por todas.

Talvez seja possível verificar, já nesse quadro, algo da ordem da operação dos gozos implicados nessas operações. A alienação como sendo indicativa dessa afirmação primordial — *Bejahung* freudiana —, condição fundamental pela qual o sujeito invocado pelo Outro aquiesce em entrar na linguagem com todas as amarrações que lhe são inerentes; e a separação — *Ausstossung* — com a qual preserva-se a "liberdade" de se desaparecer disso. O que talvez mantenha aberta a janela para um outro modo de fruição com o qual estou tentando trabalhar nesse escrito. Algo como um gozo do desaparecimento, do esvanecimento.

O inconsciente é efeito desse ponto enigmático no qual, sendo o desejo do Outro desconhecido, ou só acessível pelas pistas dos significantes que apreendemos dele, o desejo do sujeito se constitui nesse hiato entre a determinação de um significante e de outro. Resta, portanto, todo um campo de indeterminação que talvez se conforme a outros modos de fruição que não apenas o da afirmação desejante.

O conflito presente na dualidade das operações de alienação e separação não se situa no campo da luta do homem com o homem — esse Outro do qual aqui se trata não é um semelhante. O conflito encontra-se na relação do humano com o Outro enquanto referência da linguagem — este, embora lhe

---

[15] LACAN, Jacques. *O seminário, livro 11: Os quatro conceitos fundamentais da psicanálise*. Trad. M.D. Magno. Rio de Janeiro: Zahar, 1985, p. 207.

OS EMBARAÇOS DO PHALLUS

dê um continente, oferece um artifício como abrigo, no qual o sentido é sempre arbitrário, e isso porta uma certa violência. O sentido, salva e aprisiona ao mesmo tempo. Como Lacan observa: "O conflito deixa, se é possível dizer, um lugar vazio, e é no lugar vazio do conflito que aparece uma reação, uma construção, uma encenação da subjetividade."[16]

É esse Outro como referência que toma valor de lei para o sujeito dimensionado pela linguagem. É desse Outro que se visa apreender-lhe o desejo como matéria prima da nossa própria constituição desejante. Um desejo nada objetivável, mas fundante do trabalho psíquico que se empenha em rastrear os traços do objeto perdido na invocação que nos fez dizer sim a essa entrada na linguagem. Tal objeto funcionará como causa da busca desejante, objeto isolado da necessidade, do qual farejamos as pistas mediante o artifício dos significantes. Dessa maneira, os objetos focalizados pelo desejo não são senão substitutos, expressões metonímicas do objeto perdido.

A questão é que, frente à impossibilidade da vigência do gozo da natureza, o homem faz apelo à construção de leis que mascaram essa impossibilidade de gozo sincrônico. Apela às leis edificadas pela linguagem exatamente na busca de subverter a impossibilidade. Se a função do pai encontra aí sua razão de ser, é bom que se perceba que é para revelar o quanto ela é tão necessária quanto insuficiente para ajustar as contas com a natureza. A *invenção do pai*[17] vem em socorro colocar como interditado um gozo que, na verdade, é impossível.

---

[16] LACAN, Jacques. *O seminário, livro 3: As psicoses.* Trad. Aluísio Menezes. Rio de Janeiro: Zahar, 1988, p. 41.

[17] Expressão empregada por Gérard Pommier em seu seminário "A Lei e as leis", no ano acadêmico 95/96 na Faculté de Théologie Protestante, em Paris.

REVIRAMENTOS DO FEMININO

O que demonstra que, na construção mesma da lei (ou do que se coloca em seu lugar, o Nome-do-Pai), o que está sendo visado é sua transgressão.

Em meu livro *Elementos da Clínica Psicanalítica, vol. 1, O desejo e sua ética*, na abordagem da relação entre o gozo e a lei, destaco que a dimensão na qual a lei é habitada pelo desejo de transgressão situa o desejo e a proibição que lhe é imposta como estratégia para parecer negociável aquilo que na verdade é impossível. A interdição erigida pela lei, pela via da possibilidade de sua transgressão, aventa um acesso ao gozo absoluto, escamoteando a radicalidade do impossível que aí se coloca, dado que não temos acesso ao gozo absoluto, ainda que venhamos a transgredir a lei creditada à função do pai.

A função desejante está sustentada por uma falta que justifica a busca que alimenta o trabalho psíquico de desejar.

> A humanidade vem se inscrever na tensão da falta que inaugura e sustenta a função desejante sob o termo de uma dívida, uma impossibilidade que o artefato da lei, construída pelo homem, serve para amortizar, ou amortecer, abrandando seu custo, malgrado o peso da pena de que o homem se serve tanto para escrevê-la quanto para cumpri-la. A construção da lei traz, assim, uma certa negação que é congruente com aquela que, na inauguração da vida humana, possibilita ao homem a entrada no suporte da linguagem.[18]

Necessariamente, estamos diante de uma pegada trágica, ou seja, essa perspectiva que é a da psicanálise nos confronta com

---

[18] MAURANO, Denise. *Elementos da clínica psicanalítica, vol. 2: As implicações do amor*. Rio de Janeiro: Contra Capa, 2001, p. 140.

Os embaraços do phallus

um limite radical do que nós, como humanos, podemos acessar. Mas, não por acaso, a abordagem da tragédia que vai nos interessar — e da qual nós herdamos elementos para constituir a ética própria da psicanálise — não é a que nos conduz à poça de sangue ou ao pessimismo. Mas sim, a que nos leva à potência transfiguradora que a arte constitui para nós. Nos instruindo a saber fazer com o real, por mais avassalador que esse seja. Não por acaso, será no teatro trágico, tal como constituído a partir da Antiguidade grega, que Freud buscará elementos para indicar a ética própria à psicanálise, que será sistematizada por Lacan.

4. Ressonâncias trágicas no além do *phallus*

Como bem sabemos, a arte trágica se origina no culto a Dioniso, deus do vinho, implicando por aí uma elegia ao estado de "fora de si". A palavra tragédia tem etimologicamente o sentido de canto do bode, animal imolado em homenagem a esse deus. Na perspectiva de uma afinidade ética entre tragédia e psicanálise propus, em um trabalho anterior[19], que o bode imolado da psicanálise é o atrelamento narcísico do sujeito ao *phallus*. A presença do paradoxo, que estrutura a tragédia tanto quanto o inconsciente, vigora também na cura analítica. Isso porque, se o que é pretendido no trabalho analítico é o acionamento

---

[19] MAURANO, Denise. *A face oculta do amor: a tragédia à luz da psicanálise*. Rio de Janeiro: Imago ed./ JF: UFJF, 2001.

da função do Nome-do-pai — função que estrutura o universo simbólico por excelência — naquilo em que esta se mostrou deficitária, a cura psicanalítica busca, entretanto, levar o sujeito a poder ousar ultrapassá-la, ou melhor, poder ousar também transitar por um campo além das garantias simbólicas.

Neste ponto se localiza o que na tragédia traduzimos como a queda do pai, perda de garantia na qual é tocado o registro do que está para aquém e além do domínio do *phallus*. Essa referência ancora a noção lacaniana de *A Mulher*, desenvolvida no seminário *Mais, ainda* que aponta a dimensão de enigma absoluto para homens e também para as mulheres em sua dimensão empírica, noção que proponho melhor designar como o feminino, já que nenhuma mulher, ou nenhum sujeito, pode responder por ela. Tal noção indica a perspectiva de uma alteridade absolutamente radical, que assinala o que excede ao domínio da referência à castração exatamente por não estar em relação com o *phallus*.

A noção de feminino encontra-se, mais propriamente, não em uma relação com a castração, mas em uma relação com a privação. Privação de tudo o que supostamente faria apelo à consistência do objeto. Essa experiência radical da privação real, quando comparece, mobiliza outros operadores que põem em jogo o luto do objeto, inaugurando uma outra lida com a falta e abrindo outras possibilidades. É exatamente esse o ponto que enfatizo no presente trabalho.

Se essa designação do feminino, ou de *A Mulher* que não existe, passa por esse aspecto da privação real de um objeto, isso parece implicar uma negatividade que talvez justifique a observação freudiana acerca da ausência de uma representação designativa da mulher no inconsciente. É importante, entretanto, ressaltar que essa negatividade não implica nenhum

OS EMBARAÇOS DO PHALLUS

sexismo freudiano, mas a indicação de um modo de operação psíquica na qual a estruturação do universo da linguagem se dá pela comparação entre opostos. *A Mulher* é aí reconhecida pelo fato de não ter o que é representativo do homem. Ela vem, portanto, indicar outros modos de operar psiquicamente, modos que escapam à possibilidade de representação, sinalizando a existência de um mais além ou aquém da própria possibilidade do representável. Por isso, sobre o uso do artigo definido para designar o universal *A Mulher*, Lacan propõe que incida uma barra (A̶), querendo acentuar que se encontra barrada a possibilidade de um conceito generalizado do que seja a mulher. Nessa esfera não há generalização possível.

É justamente nesse sentido que a noção de feminino e não de *A Mulher* me parece mais adequada para apresentar o que tento demarcar, já que *A Mulher* que o feminino circunscreve é a que não existe. Como disse acima, nenhuma mulher, do mesmo modo que nenhum sujeito, seja ele quem for, pode habitar inteiramente o feminino, esse campo que se coloca como o que excede e que comparece como pano de fundo do universo delimitado pela linguagem e pelo sexual. Estamos aqui diante do que aponta a insuficiência do binarismo para delimitar a experiência, uma vez que essa noção de feminino é muito mais afeita ao que do Real nos afeta do que às conjugações imaginárias e simbólicas que construímos para cernir o que delimitamos como realidade.

É nessa perspectiva que toda análise, tanto para homens quanto para mulheres, na medida do possível, conduz em direção ao feminino. Esse feminino indica o ponto limite do saber, do sentido, da representação, que está em uma relação de vizinhança com o nada ao qual chega o herói na tragédia para ir até o fim com o seu desejo. Ou seja, no "fim do desejo" encontra-se

Reviramentos do feminino

A *mulher*, encontra-se o que não existe, mas, nesse mesmo lugar, comparece a referência ao gozo suposto a ela. Um gozo que não é pertencente a um sujeito, mas que se realiza através e apesar dele.

A contrapartida do acolhimento da privação, tomada como designativa do feminino, parece ser a possibilidade de acesso a uma posição dita feminina que faculta um gozo que ultrapassa o gozo fálico na medida em que explode com o universo da representação e alude a uma experiência real impossível de ser simbolizada enquanto tal. É isso que faz desse gozo Outro um gozo suposto existir. Ele não está referido propriamente ao que designa o sujeito, mas sim a sua relação com o que o ultrapassa, ou seja, remete a sua infinitude, a sua transcendência. Parece ser isso que confere a esse gozo seu caráter, de certa forma, místico. Um gozo que se dá a despeito do sujeito.

Gosto de afirmar que ir até o fim com seu desejo, na psicanálise, significa ultrapassar essa ancoragem do sentido, da espaçosa subjetividade, para tocar um nada que mostra bem seu valor efetivo, dado que é tudo o que resta. Estamos aí para além do campo do desejo, no campo do gozo, não propriamente do gozo atrelado ao *phallus*, atrelado à referência subjetiva, mas aquele que posiciona o sujeito numa relação que transcende o "si mesmo", que transcende sua ancoragem na subjetividade. Tal operação tem limites, pelos óbvios riscos que ela implica. Por isso o endereçamento à psicanálise, assim como à arte trágica e à expressão barroca, não é afeito a todo mundo.

Se o exercício da função psicanalítica vinculado à ética que lhe é própria é norteado pelo endereçamento ao real, ou seja, se trabalhamos para que o sujeito "caia na real", o trajeto de uma análise implica a decomposição do que se apresenta no domínio da fixação fálica, universo qualificado como masculino por

Os EMBARAÇOS DO PHALLUS

excelência. Essa decomposição favorece e encoraja a ampliação de uma relação com o feminino.

Entretanto essa relação com o feminino é, na verdade, mais do que um lugar de chegada, é um lugar de origem. Um "made in...", como mencionei acima. Um lugar que abriga a fonte de tudo o que vai se diferenciar depois. Um lugar a partir do qual o sujeito será invocado a advir, entrando assim no universo recortado pela linguagem. "O sentido que se tenta compor com a sonoridade da voz vem povoar o vazio da existência, tecendo com os significantes uma rede sobre esse vazio."[20]

Na clínica psicanalítica, a regra fundamental da associação livre, que constitui um convite a que o sujeito que se dirige a um analista fale tudo que lhe vier à cabeça sem se importar com o sentido, opera com a fala na direção de privilegiar o significante — ou seja, a imagem acústica, os traços do discurso do sujeito — como prioritário e mesmo autônomo frente ao significado, em relação ao que o sujeito quer conscientemente dizer. Podemos dizer, como já o fizemos anteriormente, que operamos com a musicalidade da fala. E que, tal como Nietzsche[21] atribui ao espírito da música o poder encorajador e transfigurador dos horrores que comparecem na tragédia, essa dimensão musicalizada da fala, em sua abordagem psicanalítica, funciona como um elemento essencial para a sustentação dessa ética de intervenção que nos convoca a movermos os infernos.

O trabalho do psicanalista francês Alain Didier-Weill é extremamente fecundo no desenvolvimento do estatuto sonoro,

---

[20] MAURANO, Denise. *A face oculta do amor: a tragédia à luz da psicanálise*. Rio de Janeiro: Imago ed./ JF: UFJF, 2001, p. 189.

[21] NIETZSCHE, Friedrich. *O nascimento da tragédia*. São Paulo: Companhia das Letras, 1992.

REVIRAMENTOS DO FEMININO

musical, do inconsciente. Ele avança uma reflexão teórica sobre a música. Em seu último seminário, *L'insu que sait de l'une-bévue s'aile à mourre*, enfatizando a dimensão poética da efetiva interpretação analítica pela maneira como essa opera com os significantes, Lacan opõe ciência e poesia, e afirma que "somente a poesia permite a interpretação [...] poesia que é efeito de sentido, mas da mesma forma é efeito de um furo"[22]. Diante do que Didier-Weill se pergunta:

> Esta referência à poesia não é o caminho pelo qual Lacan invoca a música, pelo fato de que a poesia encarna essa possibilidade da linguagem de se subtrair à prosa para fazer ouvir esse caráter intraduzível do musical de que as palavras são potencialmente portadoras?[23]

É nesse aspecto que retomar essas observações que comparecem em meu trabalho de 2001 interessa para avançar sobre o que aqui elaboro sobre o feminino e o gozo Outro. Didier-Weill toma a dimensão poética como uma via possível para compreender a relação mais primordial do sujeito com o Outro. Para ele, o poder da música seria o poder de celebração de um tempo primordial em que o sujeito, antes de receber a palavra, recebe preliminarmente uma marca de sua origem, uma raiz sobre a qual virá germinar a palavra. É como se a música fosse a porta de entrada para acolhermos o estrangeiro, a alteridade.

---

[22] LACAN, Jacques. *L'insu que sait de l'une-bévue s'aile à mourre* (1976-1977), inédito.

[23] DIDIER-WEILL, Alain. *Os três tempos da lei*. Rio de Janeiro: Jorge Zahar, 1997, p. 251.

Os EMBARAÇOS DO PHALLUS

O impactante da música refere-se à comemoração de um tempo mítico no qual o que "era absolutamente exterior — a música da voz materna — encontrou o lugar absolutamente íntimo"[24]. Por isso entendemos, com Didier-Weill, que a música se apresenta como "empuxo à extimidade". Modo de encorajamento para entrarmos no mundo, ou seja, dizermos sim ao circuito da pulsão invocante, que faz o apelo a essa entrada, via por onde a estranheza pode ser acolhida no esteio da música. É como se, aí, a dimensão de não senso do real pudesse encontrar ritmo, melodia e harmonia possíveis, tornando audível o inaudível estarrecedor. Esse "empuxo à extimidade" pode ser aqui concebido como "empuxo ao feminino".

Esse lugar concedido à música encontra afinidade junto a estudiosos da Cosmogonia como Marius Schneider, que diz que

> a fonte de onde emana o mundo é sempre uma fonte acústica [...]. A voz criadora surge como um som que vem do nada, que aflora do vazio. [...] Esse som saído do vazio [...] faz vibrar o nada. [...] É um monólogo em que o corpo sonoro constitui a primeira manifestação perceptível do invisível.[25]

Também Wisnik nos lembra que, no hinduísmo, religião extremamente musical cujo deus Brama significa palavra sagrada, hino, e cujos mantras atribuídos à proferição da sílaba sagrada "oummm" ou "aummm" associam-se ao poder de

---

[24] DIDIER-WEILL, Alain. *Un mystère plus lointain que l'inconscient*. Paris: Flammarion, 2010, p. 16.

[25] SCHNEIDER, Marius. "Le rôle de la musique dans la mythologie et les sites de civilisations non européenes" *apud* WISNIK, José Miguel. *O som e o sentido*. Rio de Janeiro: Companhia das Letras, 1989, p. 37-38.

REVIRAMENTOS DO FEMININO

ressoar a gênese do mundo, a música se situa entre as trevas e a luminosidade. O poder do som fica identificado às forças da natureza. A música seria "um espelho de ressonância cósmica"[26].

Posso pensar que, com essa perspectiva, a voz se constitui como espelho de ressonância da dimensão real do desejo inconsciente fundador do psiquismo, oferecendo as condições de possibilidade para que uma economia de gozo o anime. Assim, tal como a música referida à gênese do mundo vem situar-se como uma ordenação entre o ruído e o silêncio, minorando para nós a incerteza do universo, não à toa também o psiquismo se constitui via o comparecimento da musicalidade da voz como a vibração do sopro de vida que invoca a entrada no circuito pulsional, possibilitando um acolhimento à alteridade do Real.

Avançando em sua elaboração do conceito de pulsão invocante, apenas indicado por Lacan, Didier-Weill, que começou a trabalhá-lo na intervenção que fez no seminário deste último, em 21 de dezembro de 1976[27], sublinha que a música nos escuta. Ela revela o Real que há em nós. Revela a potência inaudível, possibilitando que nosso vazio interior ressoe. É dessa maneira que, em sua concepção, pela música, o sujeito vivifica o vazio do Real[28].

Pela música, ou pela musicalidade, o horror do desamparo ao qual somos remetidos pelo não-senso do Real encontra um meio de vir a ser não representado, mas de alguma forma ritmado, se encarnando numa melodia suportada numa estrutura

---

[26] *Idem*, p. 38.

[27] Esta intervenção está publicada em DIDIER-WEILL, Alain. *Lila ou la lumière de Vermeer. La psychanalyse à l'école des artistes*. Paris: Denoël, 2003, p. 135-144.

[28] DIDIER-WEILL, Alain. *Un mystère plus lointain que l'inconscient*. Paris: Flammarion, 2010, p. 62.

OS EMBARAÇOS DO PHALLUS

sincrônica que é a harmonia, transformando assim esse Real, digamos, bruto, num Real humano. Designação bastante curiosa que Didier-Weill recolhe de Lacan. Ele propõe que o chamado "traço unário", conceito relativo à matriz da identificação simbólica com o Outro, poderia ser pensado como condicionado por uma nota, o mais simples elemento musical, percebida pelo bebê na voz da mãe antes de ele perceber o sentido dos fonemas[29]. Nota batizada de Nota Azul (termo emprestado de Chopin[30]), a partir da qual se dá o encontro com o ilimitado e o sujeito é invocado a existir, ainda que tendo seu acesso ao ilimitado restrito pelo que virá a ser seu recorte subjetivo[31].

O autor chega mesmo a afirmar que o bebê seria aí tomado por uma autêntica experiência mística, à qual a experiência musical poderia reenviar o sujeito. É como se a música funcionasse então como invocação ao encontro com a "Coisa" — termo com o qual Freud, tentando pensar a fundação do psiquismo, supõe a existência de um objeto perdido inicial, a Coisa, que, pondo em marcha seu resgate, aciona o desejo e com isto institui a atividade desejante que inaugura o psiquismo. Trata-se aí da operação da pulsão invocante como chamado à existência num trajeto do ilimitado ao campo limitado da linguagem.

O que é interessante destacar aqui é que essa referência à "Coisa" comparece como facultada pela musicalidade. Sendo o próprio movimento psíquico o que seria invocado pela música possibilitando a entrada na invocação do Outro através da

---

[29] DIDIER-WEILL, Alain. *Os três tempos da lei*. Rio de Janeiro: Jorge Zahar, 1997, p. 240-241.

[30] DIDIER-WEILL, Alain. *Nota azul: Freud, Lacan e a arte*. Rio de Janeiro: Contra Capa, 1997, p. 58.

[31] DIDER- WEILL, Alain. *Os três tempos da lei*. Rio de Janeiro: Jorge Zahar, 1997, p. 250.

agilização de uma "pulsão invocante" — termo mencionado por Lacan e desenvolvido na obra de Didier-Weill —, que indicaria o que há de mais próximo da experiência do inconsciente. É como se nessa nota musical batizada de Nota Azul[32] se desse o encontro com o ilimitado, convocando o sujeito a advir de modo limitado a partir desse ilimitado. Essa Nota Azul seria, portanto, o que possibilitaria ao sujeito ser representado pela cadeia melódica que lhe vem do Outro, sendo assim, num instante de êxtase, arrancado ao tempo histórico, se reencontrando, porém, com esse "grão de eternidade" do qual todo ritmo temporal recebe seu verdadeiro fôlego"[33]. Trata-se aí da encarnação de um "ponto zero de significância", termo emprestado de Claude Lévi-Strauss, na constituição do "sujeito musicante".

Se isso levou os iniciados a lembrar o conceito de significante-mestre (S_1) de Lacan[34] — enquanto um significante que em si mesmo nada significaria mas que seria a base, a condição de toda a possibilidade de significação, iniciador da existência do símbolo —, não é de se estranhar, malgrado seus pontos de confluência, que esse significante de comando e a Nota Azul não sejam equivalentes, dado que eles sublinham diferentes direções na constituição do sujeito e na economia de gozo que moverá sua existência. A Nota Azul parece extremamente fecunda para indicar uma relação com o ilimitado, relação com um espaço de continuidade do Outro, do estrangeiro no seio mesmo do sujeito, ponto do qual advém uma modalidade de gozo nomeada por Lacan como *gozo Outro*, ou *gozo-a-mais*, também relacionado ao gozo místico ou ao gozo feminino.

---

[32] *Idem*, p. 58.

[33] DIDIER-WEILL, Alain. *Les trois temps de la loi*. Paris: Seuil, 1995, p. 260.

[34] LACAN, Jacques. *O seminário: livro 11: Os quatro conceitos fundamentais da psicanálise*. Trad. M.D. Magno. Rio de Janeiro: Zahar, 1985, p. 245.

Os EMBARAÇOS DO PHALLUS

Sua relação com o que é da ordem do divino se daria pelo exemplo da voz da diva da ópera que, se elevando do agudo ao superagudo, faz desaparecer a descontinuidade ligada à distinção dos fonemas e à inteligibilidade do discurso, e produz uma continuidade absoluta, reenviando à dimensão do gozo Outro, não fálico, "que faz que nesse momento não se saiba mais se é a diva ou o divino que canta"[35]. Não é à toa que a Igreja, à sua maneira, explorou tanto o barroco como via de invocação do divino no humano, no momento em que o humano se torna Outro. Creio que a noção de pulsão invocante, apontada por Lacan e trabalhada por Alain Didier-Weill, Jean Charmoille e Jean-Michel Vives, entre outros, trará certamente esclarecimentos sobre a difícil abordagem do gozo Outro e do que se pode esperar dos destinos do gozo no fim da análise.

Já o termo "significante-mestre" serve para designar o que é assumido pelo sujeito como significante de comando, em sua inserção no campo da linguagem, sustentando sua identificação fálica e constituindo o lugar da emergência do "rochedo autoerótico", via pela qual o sujeito goza em designar-se como Um, ainda que esse um seja sempre fragmentário, divididos que somos pela linguagem. Como já foi mencionado, o gozo advindo da habitação desse lugar é caracterizado como gozo fálico, gozo da afirmação de uma unidade, de uma plena potência vital que, embora se encontre sempre em defasagem em relação a essa plena potência, não deixa de interessar, sobretudo porque embora impossível, esta é sempre prometida nos inúmeros relançamentos desse gozo.

---

[35] DIDIER-WEILL, Alain. *Lacan e a clínica psicanalítica*. Rio de Janeiro: Contra Capa, 1998, p. 53-54.

Como vimos, a referência ao *phallus* como significante da diferença opera com a distinção e toma um caráter central na relação com a imagem do corpo[36] funcionando, como já mencionei, como unidade de medida para avaliação do valor do sujeito. No jogo sexual, a partir da posição masculina, o sujeito faz de conta que tem o *phallus*, e da posição feminina, que é o *phallus*. Porém seja qual for essa avaliação, o que nela impera é que ela traz à sua frente sempre uma marca negativa. O que confere ao *phallus* essa função de significante da falta, significante indicativo de uma completude sempre prometida e nunca cumprida, dado que essa é alheia à experiência humana, esteja o sujeito posicionado como homem, mulher ou LGBTQIA+. A plenitude fálica é impossível.

A teoria lacaniana designa como *objeto a* um objeto que, não sendo propriamente representável, é identificado com o que pode ser destacado do corpo, marcando para o sujeito sua condição de ser em falta. Trata-se do objeto perdido que, por esta condição, inaugura a função desejante, ou seja, desperta o sujeito para buscá-lo, seja lá o que ele for. É desse modo que ele vem funcionar como objeto causa de desejo na empreitada de demarcar os objetos que fisgam os interesses do sujeito por portarem, de alguma forma, o brilho do *phallus* que falta.

O modo pelo qual o significante fálico e suas emanações nos objetos que nos despertam para o desejo funciona em nós baliza nossas relações identificatórias com as quais tentamos responder a interrogação sobre quem somos. E é por isso que, nas psicoses, pela função insuficiente desse operador fálico na constituição do sujeito, abre-se o campo para os fenômenos

---

[36] LACAN, Jacques. *O seminário, livro 20: Mais, ainda*. Trad. M.D. Magno. Rio de Janeiro: Zahar, 1992, p. 369.

caracterizados por Lacan como "empuxo à mulher", com toda a sorte de delírios e alucinações que assombram, muito frequentemente, com a emasculação.

A teoria freudiana supõe a existência de uma bissexualidade psíquica em todos nós. Frente à impossibilidade de se apreender psiquicamente o que seria homem e o que seria mulher, Freud lança mão de metáforas. Situa o masculino como o que estaria referida à atividade e o feminino como o que diria respeito à passividade. Tais atributos, longe de designarem respectivamente homem e mulher, designariam posições subjetivas nas quais os sujeitos homens, mulheres ou quem sejam, transitariam, sobretudo a partir de seu destino bissexual.

Nessa perspectiva, para aqueles que conseguem lê-lo, Freud subverte toda concepção essencialista e exclusivista de homem e mulher, para indicar um campo de posicionamentos subjetivos múltiplos e plurais. Para que se efetive um destino à anatomia, ao genoma, à fisiologia, esse terá que ser revestido pelas posições adotadas pelos sujeitos na apropriação que lhes for possível desse estrangeiro que é seu corpo próprio, bem como do que se pode fazer com ele, ativa e passivamente, no vasto campo do desejo e da sexualidade. Desse modo, o destino de um sujeito no campo da sexualidade não é ditado pelo que se afigura na materialidade de seu corpo. Esse destino estará muito mais condicionado pelas posições privilegiadas adotadas pelo sujeito no seu modo de compor e operar com sua sexualidade.

Como mencionei na abertura desse escrito, Lacan avança com uma outra expressão de dualidade: uma dualidade de gozos. Evidenciando o conceito de gozo para demarcar a complexidade do sujeito falante em sua relação com a satisfação, ele atenta para a ideia de que o caráter bissexual de nossa subjetivação, com o qual nos situamos em nossas posições desejantes, não

REVIRAMENTOS DO FEMININO

decide tudo o que diz respeito à nossas possibilidades humanas, dado que ao campo do desejo, que é norteado pelas insígnias fálicas, com o gozo que lhe é próprio, soma-se um outro atravessamento. Este, não remetido ao gozo fálico, mas a um gozo Outro, também chamado de "gozo feminino".

Como indiquei anteriormente, é a limitação do gozo sexual, fálico, dependente do órgão, que fará com que se suponha a existência de um gozo Outro, creditando a ele mais satisfação ainda — *Mais, ainda...*, como sugere a tradução brasileira do título *Encore* do seminário 20 de Lacan. Nesse seminário, o que diz respeito ao feminino é qualificado como Outro em relação à lógica fálica que opera buscando consistência. O campo do feminino não é o campo das identificações e muito menos o campo das identidades, de modo que a dimensão de alteridade que lhe é correlativa conta também para as mulheres, na medida em que nós, mulheres, estamos em cheio no registro fálico, o que faz com que o feminino também nos seja estrangeiro. Mesmo os sujeitos que se identificam como mulheres, e que se posicionam do lado feminino na partilha dos sexos, não se encontram referidos de maneira absoluta nesse registro.

Desse modo, frente ao conceito de *A Mulher*, essa que indica o que não existe na totalidade e que, portanto, não diz respeito às mulheres, propriamente, proponho tentar minimizar a confusão, preferindo substitui-lo pela referência a essa alegoria do feminino. Assim, por "feminino" se entende o que indica essa dimensão de alteridade radical que constitui enigma para todos nós. Instaura-se um campo Outro no qual o gozo que lhe é correlativo, longe de ser um gozo que visa o *phallus* — no sentido de buscar uma delimitação identificatória —, instaura uma relação com o ilimitado e, portanto, com a própria indistinção entre masculino e feminino.

Os EMBARAÇOS DO PHALLUS

Esse gozo Outro em relação ao *phallus*, alheio à linguagem, inapreensível às representações, encontra-se fora da dinâmica sexual, como sublinha Lacan. Entretanto, é na medida em que, enquanto humanos, estamos todos dentro da referência fálica — referência à linguagem, ao mundo simbólico —, que podemos, a partir dela, sentir os efeitos de um mais aquém e mais além dessa norma. Como já observei em trabalhos anteriores[37], a suposição da existência ou da ex-sistência — neologismo lacaniano que serve à indicação de uma existência fora — do gozo Outro pode esclarecer algo do gozo referido aos místicos, assim como daquele sublimado no ato de criação. Bem como pode também indicar o gozo que se apresenta nas psicoses e em certas experiências de devastação subjetiva.

Longe de ser regido pelo que Freud denomina como princípio de prazer, longe de ser limitado pelo sexo, que etimologicamente remete ao secionado, dividido, o gozo feminino refere-se a um "mais além do princípio de prazer" que nos governa tanto quanto o faz o princípio de prazer. Ele vai incidir sobre o ponto onde o sexual rateia por não se revelar suficiente em sustentar a relação do humano com a amplitude da existência ou com o imperativo de satisfação. O ilimitado ao qual esse gozo Outro ou gozo feminino aponta, excedendo ao que é circunscrito pela pulsão de vida, adentra o domínio da pulsão de morte. Nele, não se trata da celebração narcísica de um sujeito, mas da relação com uma entrega na qual esse gozo se realiza apesar do sujeito, e mesmo a despeito dele. Dessa experiência que suspende a subjetividade tanto pode resultar um júbilo, quanto

---

[37] MAURANO, Denise. *Elementos da clínica psicanalítica, vol. 2: As implicações do amor*. Rio de Janeiro: Contra Capa, 2001.

REVIRAMENTOS DO FEMININO

uma vivência de devastação. Como ele se dá malgrado o sujeito, escapa ao seu domínio. Resta, portanto, evocá-lo a partir de uma aparência de ser. E, nessa perspectiva, o barroco é exuberante em fazê-lo como o demonstrei no trabalho *Torções: a psicanálise, o barroco e o Brasil*[38].

Por mais que sejamos fascinados pela invenção do significante, com toda a riqueza de significação que ele acarreta e toda a toda a luz que ele promete, o Outro entendido como referência simbólica, referência possibilitada pela linguagem que nos ilumina na escuridão de nossa precariedade, não consegue dizer tudo. Há um furo nesse Outro que é revelador da sua inconsistência. É o que Lacan tentou enunciar com a fórmula S($\bar{A}$). Ou seja, o Outro ao qual nos referimos é furado, não é garantido por nenhum grande Outro que o avalize. Assim, como não há Outro do Outro que garanta coisa alguma, há sempre uma porta aberta ao que extrapola o campo simbólico.

Didier-Weill sinaliza o passo além dado por Lacan ao expressar com o matema S($\bar{A}$), significante da falta no campo do Outro, a impossibilidade do campo da linguagem de dar conta de tudo o que há, e reconhece que isso traz como contrapartida a aposta massiva que fazemos na relação com os objetos, que, pela orientação do princípio do prazer, tem a função de tamponar a falta. Porém, a experiência da análise promove no sujeito uma aventura curiosa:

> ao cessar de ser determinado pelo limite significante, ele experiencia um mais além do determinismo, que o leva a

---

[38] MAURANO, Denise. *Torções: a psicanálise, o barroco e o Brasil*. Curitiba: Ed. CRV, 2011.

submeter-se ao encontro com o que nele é indeterminado, haja vista exceder todos os limites.[39]

O autor prossegue argumentando que o testemunho do coro das Bacantes, tal como este comparece na tragédia de Eurípedes, revela que essas mulheres — a meu ver, metáfora do feminino em questão —, ao escutarem não apenas o som da flauta de Dioniso, mas sobretudo o que esse som tinha de inaudível, de remetido ao ilimitado, escuta impossível aos homens, essas mulheres partem para a floresta e, esquecendo-se de suas identidades de mães, esposas etc., se entregavam aos cantos orgiásticos e aos rituais no cortejo a esse deus. O que para ele deve ser destacado nisso é que a substituição da tradição *matri*linear pré-helênica pela tradição *patri*linear helênica, produziu um recalque do feminino. As identidades conferidas pela lei da cidade, que satisfazem ao cidadão, não respondem à sua capacidade de escuta do ilimitado das mulheres, ou melhor, do feminino. Essa lei não diz quem ela é. "O que diz algo sobre ela, não é o *logos*, mas a música de Dioniso."[40]

Mas ele salienta que será justamente isso que se apresenta como antinomia entre o *logos* e a música, ou entre o desejo de limite simbólico e desejo de ilimitado, ou gozo fálico e gozo feminino, o que o ato trágico terá por função enlaçar.

Ele explica que o ator trágico encarna a divisão do sujeito entre o peso da lei e a leveza da música e é disso que advém a falta trágica: introduzir no Olimpo, marcado pela lei patrilinear, a música de Dioniso, que é um deus que transmite os valores

---

[39] DIDIER-WEILL, Alain. "Prefácio S(A)" *in* MAURANO, Denise. *Elementos da clínica psicanalítica, vol. 2: As implicações do amor.* Rio de Janeiro: Contra Capa, 2001, p. 35.

[40] *Idem, ibidem.*

REVIRAMENTOS DO FEMININO

matrilineares da antiga religião ctoniana. É dessa maneira que a arte trágica contesta a radicalidade da lei do Nome-do-pai. Mas o que a arte trágica dionisíaca exige é o ultrapassamento do Nome-do-pai, não sua abolição.

O ator trágico, ao se destacar do coro, articula a antinomia entre a lei simbólica da cidade e o real ilimitado da música, presentifica portanto a existência sempre faltosa de um sujeito. Porém seu mérito está em sustentar ao mesmo tempo tanto o trabalho de nomeação quanto a existência do inominável.

Nesta perspectiva, o "misticismo trágico" que entusiasmou Antígona e que, segundo a visão de Didier-Weill, com a qual concordo, interessa também ao analista, reconhece a existência da lei do pai, mas vai além dela. Isso é oposto ao misticismo de Jung, por este último se apoiar sobre um não reconhecimento da existência da lei do pai, que para ele seria "fortuita". "Antígona conhece a lei; ela a conhece bastante bem, a ponto de encontrar aí a falha a partir da qual pode transgredi-la"[41]. Com seu ultrapassamento, faz imperativo para que o caráter inaudível, ilimitado possa ter direito de cidadania.

Dessa forma, um modo primário de funcionamento regido pelo princípio do prazer, que na constituição do psiquismo adota a medida de introjetar o bom e expulsar o mal, matriz inclusive de todo horror à diferença e base do preconceito, ganha um avanço nos modos de encaminhamento do sujeito trágico e reintroduz um efeito na ordem simbólica da lei. Esta agora tem que acolher "a exigência da parte de real oceânico de que o fio das palavras não pode dar conta"[42].

---

[41] *Idem*, p. 39.
[42] *Idem*, p. 40.

Os embaraços do phallus

Há um limite em nossa capacidade de metaforizar, tomar uma coisa por outra. Desse modo, há mesmo um inarticulável na verdade última do desejo, já que não há significante para dizer tudo, já que o Outro é incompleto. É esse resto, esse inarticulável que comparece como gozo. É nesse ponto que Lacan, já em seu seminário 17, portanto antes das formulações sobre o gozo feminino que comparecerão no seminário 20, propõe diferenciar o campo de Freud como campo do desejo e o dele, como campo do gozo, como mencionei anteriormente.

Vou explorar um pouco mais essas diferentes dimensões do gozo e, em especial, do gozo feminino. Mas antes de avançar, quero ressaltar a importância de observar que, para entender a proposição lacaniana da existência desse gozo Outro, é preciso levar em consideração que, a partir de um certo momento, a "inspiração" oriental parece ter marcado significativamente Lacan. Isso parece se dar quando, ultrapassando a investigação sustentada pelas articulações significantes por onde busca, pelas ressonâncias da fala, apreender o que é da ordem do desejo, ele acaba por tocar algo de uma natureza distinta do significante, um outro campo, o campo do gozo. E mais do que isso, o campo de um gozo feminino. Tal gozo evidencia que o campo da linguagem, esse campo das distinções e da descontinuidade, tem limites.

O feminino como excesso, "ex-sexo"

1. O feminino como revelação

Parece que é para formular sua teoria dos gozos que Lacan lança mão de um certo orientalismo. Segundo relata Roudinesco, nosso autor, interessado pelo estudo do chinês, faz sua primeira viagem ao Japão em 1963. Esse interesse parece ter tomado grandes proporções, conforme Terêncio faz notar em seu livro *Um percurso psicanalítico pela mística de Freud a Lacan,* razão pela qual, durante o período de 69 a 73, o psicanalista francês estudou semanalmente com o filósofo e poeta chinês François Cheng o clássico taoista *Tao Te Ching — Livro do Caminho e da Virtude,* de Lao Tzu, do século V a. C. Não foi por acaso que foi no período de 72 a 73 que ele sustentou seu seminário 20, em que construiu a teoria dos gozos sobre a qual me debruço agora

REVIRAMENTOS DO FEMININO

para, através dela, situar o feminino. Quando o filósofo interrompeu esse trabalho, Lacan, que se encontrava não por acaso buscando uma nova definição do Real e pensando a experiência humana como atravessada pelo enodamento dos registros do Real, do Simbólico e do Imaginário, se interrogou: "Mas o que vai ser de mim?"[1].

Aprofundando a questão da ética da psicanálise como voltada não para ideais de potência e completude, mas para o real da precariedade dos asseguramentos humanos — o que exige de nós uma inventividade essencial —, Lacan, anteriormente, em 1960, sustentou um seminário com esse mesmo tema, a ética da psicanálise. Perguntava-se como transmitir o Real como o impossível, o inefável. Aquilo que não pode ser completamente simbolizado nem pela palavra, nem pelo escrito, mas que não cansa de nos afetar em sua insistência em não se escrever. Nessa perspectiva, esse encontro com o taoismo foi um achado. Afinal, o Tao, que segundo Lao Tzu melhor se designaria como o Inominado, é vazio em sua natureza. Como sublinha Terêncio, é o modo como os chineses concebiam a criação e a marcha do universo. Diz respeito ao caminho, implica a ordem da vida, mas também a ordem da palavra[2]. Relaciona o que se encontra no real, sem Nome e sem Desejo, origem das coisas, com o que tem nome e desejo e implica a criação, a palavra e a existência de representações simbólicas e imaginárias. Assim, o vazio de que se trata no Tao é um vazio vivificante, dele se origina o sopro do Nome e do Desejo, ou seja, o sopro da existência, do dinamismo e da inconstância.

---

[1] ROUDINESCO, Elisabeth. *Jacques Lacan: Esboço de uma vida, história de um sistema de pensamento*. São Paulo: Companhia de Bolso, 1993, p. 353.

[2] TERÊNCIO, Marlos. *Um percurso psicanalítico pela mística de Freud a Lacan*. Santa Catarina: Ed. UFSC, 2011, p. 160-161.

O FEMININO COMO EXCESSO, "EX-SEXO"

Parece ser justamente sobre esse ponto — que acolhe um paradoxo, a indicação de algo que é e não é, na medida em que o matema S(Ⱥ) é significante não de uma presença, mas de uma falta no campo do Outro, indicando um limite ao que se pode esperar da linguagem — que Lacan evidencia um mais além da referência ao pai e a tudo o que se constrói em torno do nome, do que pode ser nomeado, recortado em significantes.

Tal como Freud não recuou em se debruçar sobre o que parecia carente de razoabilidade como os sonhos, lapsos, fantasias, sintomas e chistes, encontrando nessas formações os testemunhos do inconsciente, Didier-Weill não recua do mistério, do espiritual, de uma dimensão mística não religiosa que contempla o inaudível, o invisível e o imaterial, no rastro de Lacan, ainda que de uma maneira que lhe é muito própria.

Aliás, esse autor termina sua obra *Um mistério mais longínquo que o inconsciente* dizendo que é preciso nos abrirmos ao espiritual exatamente no sentido do que comparece quando um sujeito, tomado por um chiste, ou seja, por uma palavra espirituosa, sai da sideração e consegue "ressoar sem arrazoar"(*résonner sans raisonner*). Este é, para ele, "o ato místico por excelência"[3]. Um operador fecundo em nosso modo de intervir clinicamente. Efetivamente, o tipo de entendimento que um chiste exige é aquele que se opera quando, passando ao largo das exigências do *logos*, dizemos que alguém captou "o espírito da coisa", expressão que bem serve para a indicação do que aqui se trata.

Quando a psicanálise propõe que nosso trabalho é promover que o Eu advenha onde o Isso estava — ou seja, quando revela

---

[3] DIDIER-WEILL, Alain. *Un mystère plus lointain que l'inconscient*. Paris: Flammarion, 2010, p. 79.

REVIRAMENTOS DO FEMININO

a íntima conexão a ser restabelecida entre o Eu e o indelimitado, o Isso —, de uma certa maneira suspende o juízo, a moral, e convoca, via uma ética que poderíamos chamar de "ética do feminino", a produção de uma conexão com o que estava antes da cisão, da divisão, do recalque originário, via pela qual o sujeito da linguagem irrompeu desnaturalizando-se do mundo instintual, pela qual passamos a ser sujeitos divididos, submetidos a todas as normas que são decorrentes dessa divisão.

Porém, o feminino e tudo o que a ele se relaciona questiona a divisão. Indica uma insuficiência da divisão. Revela que essa divisão é não-toda. Algo resta, em nós, não dividido, em uma continuidade com esse universo, eu diria, "natural", ainda que este permaneça inacessível ao sujeito dividido pela linguagem. Mas se esse universo é inacessível pela linguagem, se não podemos representá-lo, dizê-lo, isso não quer dizer que ainda assim ele não se apresente, se revele, compareça como revelação, via seus efeitos sobre nós.

Lacan escreveu essa continuidade através da formulação de um significante da ausência, notado como S(Ⱥ), como foi mencionado acima, presença de um significante do Outro barrado, isto é, presença significante (S) da ausência de significante (Ⱥ). A indicação dessa notação paradoxal, segundo Didier-Weill, teria a função estratégica de ser "passador" da ausência que é real na presença simbólica e, também, da presença que é real na ausência simbólica[4]. É toda a questão de como "notar" o Real que escapa, que está em jogo. Diríamos, de como "humanizar" esse Real.

Será sobre esse ponto relativo à inacessibilidade do Real que jaz além do princípio do prazer, que ficou para trás, velado pelo

---

[4] *Idem*, p. 118.

O FEMININO COMO EXCESSO, "EX-SEXO"

sim originário dado pelo sujeito ao entrar no mundo simbólico, que Didier-Weill irá marcar uma divergência nas concepções de Freud e de Lacan.

> Para Freud, o encontro desse inacessível é marcado pela dimensão traumática da perda, enquanto que para Lacan ele é marcado por seu caráter misterioso requerendo a existência de gozo de ordem mística.[5]

É como se, para Lacan, estivesse indicada a possibilidade de um certo acesso ao Real, que, embora seja inacessível ao desejo — dado que este se encontra referido ao que é perdido —, não seria inacessível ao gozo. Sobretudo a um certo modo de gozo, referido à existência de algo de outra ordem, uma ordem mística, diria eu, dessubjetivada.

Assim, ressaltando o misterioso pelo termo "revelação", ele menciona que Lacan encontrou na *Bejahung* "a condição primordial para que do real venha se oferecer a revelação do ser"[6]. Será esse termo, "revelação", que, segundo ressalta Didier-Weill, ensejará a hipótese da existência de um gozo Outro, não fálico, de ordem mística.

É no conflito estabelecido pelo casal Eros e Tânatos — e num retorno que implica a insistência de um recomeço, insistência que não é propriamente da repetição do que houve, mas de uma retomada —, que nós encontramos, segundo Didier-Weill, a "condição de possibilidade da sublimação". Trata-se de uma pulsação que implica que o começo do ritmo originário não

---

[5] *Idem*, p. 117.
[6] *Idem*, p. 14.

REVIRAMENTOS DO FEMININO

cansa de recomeçar. Como se, nesse ponto, o que é reeditado não é uma relação à perda propriamente, como o que ocorre com a operação do desejo, mas o retorno à origem e ao seu mistério, o que *empuxa* à criação. Nesse sentido, não se trata de buscar desvelar o mistério, mas de contorná-lo, acolhendo o que nele resta insistentemente enigmático.

Assim, Lacan acentuará essa dimensão misteriosa indicando uma criação no além do inconsciente com a utilização desse termo: "revelação". Desse modo, a afirmação primordial — a *Bejahung* — "é a condição primordial para que, do real, venha se oferecer a *revelação* do ser"[7]. É a partir disso que advém a suposição didier-weilliana de que há um sujeito: um sujeito suposto a advir. Eis então toda a pertinência que o termo revelação, pinçado de Lacan, encontra em sua obra. Com ele, introduz-se uma perspectiva mística, estrangeira àquela das Luzes. Desde o início de seu ensino, Lacan sublinha que a psicanálise terá que se avir com a existência de um real humano, do qual nenhum saber vai poder se apropriar. Creio poder dizer que esse real humano será "sensível" à "revelação", e não ao desvelamento. E não à toa será justamente esse termo — revelação — que, como já mencionamos, será substituído em Lacan pelo termo gozo, mais propriamente, "gozo Outro", para o opor ao gozo do sentido, próprio ao inconsciente[8].

Assim, Didier-Weill redefine a proposta lacaniana da existência dos dois tipos de experiência de gozo diferentes. Pelo gozo fálico, o inconsciente se desvela na "escuta" do sentido (*j'ouïe-sens*)[9]. Trata-se de desvelamento. Goza-se com o sentido.

---

[7] *Idem, ibidem.*
[8] *Idem*, 15.
[9] *Idem, ibidem.*

O FEMININO COMO EXCESSO, "EX-SEXO"

É a relação do inconsciente com a significação, na qual o jogo do significante serve para representar um sujeito e possibilita que este se aproveite disso, responda com isso à dimensão traumática da perda. Essa experiência de gozo do significante se faz em dois tempos: sideração e luz. Ela não é imediata e indica um gozo próprio ao inconsciente. Porém, há também a experiência de um "gozo Outro". Via pela qual "o real se revela como lugar de existência de um verdadeiro começo"[10]. Trata-se de uma experiência imediata, em um só tempo, afeita à revelação. Essa experiência não é a de um significante que remete a outro significante, mas o autor a refere ao que se passa na produção artística, quando um significante se abre a um real vibratório, de cuja existência a arte nos faz suspeitar. "Um tal real é o inaudito ao qual reenvia uma nota musical; o invisível ao qual reenvia um toque pictural"[11].

Por essa via, pode-se ver como o campo dos mistérios vincula-se à relação com as origens e, por consequência, com o mistério da criação, com todo o amplo sentido que isso pode ter. De minha parte, gostaria de ressaltar que, de maneira pertinente, Lacan, no seminário *Mais, ainda*, refere-se ao gozo Outro como gozo feminino. Creio, com isso, que temos elementos para associar o feminino e a criação, mesmo a criação artística. Pode-se, assim, questionar a ideia de que o desejo inconsciente seja o mestre da criação. Se assim o fosse, isso limitaria a criação ao circuito sexual da relação com o Outro. Parece-me mais esclarecedor pensá-la como um recuo ao começo, ao engendramento primeiro, para situá-la em sua relação com "um mistério mais longínquo que o inconsciente".

---

[10] *Idem, ibidem.*
[11] *Idem*, p. 16.

REVIRAMENTOS DO FEMININO

É portanto a revelação, e não a sideração, o que está em jogo no gozo feminino, ou gozo Outro. O gozo correlativo à revelação apresenta-se como uma experiência imediata, a qual nada garante que acontecerá. Na experiência de se emprestar à criação, nada garante que ela advirá. Há sempre o risco de se ficar no vazio, ou no nada, como eu sugiro pensar. Esse nada não é uma falta. Na falta, o objeto está lá, ainda que indicado por sua ausência. A falta é falta de algo. O risco de se entregar à experiência da criação é o risco de estar nela em pura perda, ou seja, há sempre o risco de ratear. Na proposição lacaniana de que a criação se dá "ex-nihilo", a partir do nada, encontra-se tanto sua afinidade com a força tanática — como operadora desse pulo no abismo —, quanto com o resgate do poder combinatório de Eros — evidenciando o embricamento pulsional presente no trabalho sublimatório "criacionista".

No esteio do que Didier-Weill nos apresenta, talvez possamos pensar que a criação seja o nível máximo de dessexualização atribuído ao trabalho sublimatório. Falo de níveis de dessexualização porque é verdade que, nas atividades sublimatórias, existem diferentes níveis de afastamento do sexual até se tocar esse ponto verdadeiramente "hors-sexe", "fora-do-sexo", fora do sexual, no qual há uma retomada do começo, onde não havia secção, razão pela qual também não havia recalcamento. Que uma concepção de feminino em psicanálise, tal como proponho aqui, se associe a esse ponto da relação ao "gozo Outro" e à criação, me parece uma pérola inestimável. Mas aqui, é sempre bom lembrar que essa designação do feminino não está balizada pela distinção de gêneros ou pela oposição masculino/feminino, sendo, sim, indicativa de uma relação com um começo que indica um ponto de continuidade, fora da divisão sexual, na qual o universo simbólico da distinção se apoiará.

O FEMININO COMO EXCESSO, "EX-SEXO"

Diferentemente do caminho sexual do desejo no qual se avança buscando a reedição do traço de memória do objeto perdido que supomos ter nos salvado do desamparo, penso que o trajeto da criação parece ser aquele de recuar de tomar um objeto como a "Coisa" a ser perseguida, para se arriscar "hors--sexe", fora do circuito sexual, entregando uma "libra de carne" na aposta de que uma revelação pode advir. Se o caminho do desejo é aquele no qual se avança na "recuperação" do que ficou para atrás, o objeto perdido, o caminho da criação parece se colocar como uma retirada, um recuo dessa busca, na aposta de que um avanço pode advir pelo encontro do "objeto", não enquanto perdido, mas enquanto encontrado pela via da criação.

Talvez esse seja um dos sentidos possíveis para a célebre frase atribuída a Picasso: "Eu não procuro, acho." Então, se não se procura a "Coisa", tal como o desejo obstinadamente o faz, se pode encontrá-la pelo artifício da criação e, com isso, se atingir um nível paradoxal de satisfação, supondo-se nessa experiência um "gozo Outro" no qual perda e encontro apresentam-se indissociáveis; eis então que um objeto, enquanto criado, pode ter a dignidade da "Coisa" perdida, dado que pode revelar-se em íntima conexão com o que se deu no momento anterior à perda, anterior à descontinuidade. Talvez aí esteja o fundamento da revelação que interessa.

Essa exploração do campo do gozo indica portanto que, para aquém e além do desejo como fundante do psiquismo humano em suas articulações com o sujeito do inconsciente, há uma dimensão econômica, pulsional, que passa por esse sujeito dividido, porém o excede. Como vimos, para Lacan, o gozo orientado pelo *phallus*, marcado pelo traumatismo sexual — que é efeito da secção, corte instaurado pelo sexual —, recorta o sujeito qualificando-o e quantificando-o. A lógica da avaliação

REVIRAMENTOS DO FEMININO

fálica impõe-se na relação ao corpo e, imaginária e simbolicamente, serve de crivo para aferição do *quantum* de sua potência vital. Potência essa que é sempre deficitária em relação à potência da natureza, seja para sujeitos posicionados como homens, como mulheres, ou identificados ao gênero que for. Na melhor das hipóteses, cada um ao seu estilo teria sua quota de acesso ao gozo fálico, sendo que todo o processo de identificação e construção de identidades passaria por isso.

Entretanto, como também já foi mencionado, dada a insuficiência desse modo fruição que vigora na afirmação de si, que está presente no exercício de nos recortarmos do todo, nos desvelando como mais ou menos Um, Lacan nos provoca com a hipótese da existência desse gozo Outro em relação ao fálico. Este não está endereçado à fruição relativa à identificação na delimitação subjetiva, mas à dessubjetivação, eu diria, à entrega de si numa reconexão com o campo da continuidade excedendo ao universo delimitado pela linguagem. Um retorno à origem. Eu diria que se trata de um gozo sem sujeito, ou no qual o sujeito se entrega como objeto. Por isso, não se pode afirmar que ele exista, o que não nos impede de supormos sua existência pela incidência de seus testemunhos, via experiências com a arte, com a mística, com certas corporeidades e mesmo com vivências psicóticas e de devastação.

Assim, no gozo fálico se frui do desvelamento, da descoberta, que implica a atividade do sujeito em todas as suas amarrações fantasmáticas, ao passo que, no gozo Outro, se frui da revelação, algo que poderia advir da deposição de si, dessubjetivação em um encontro com a absoluta alteridade. Obviamente, essa deposição não se dá sem riscos. Sua afinidade com o que assombra em termos da pulsão da morte, dos desligamentos a ela relativos, nos mostra bem o quanto esse gozo, também

O FEMININO COMO EXCESSO, "EX-SEXO"

chamado de "suplementar", parece aludir, ou "despertar", eu diria, a memória da natureza em nós, numa comunhão que nos ultrapassa enquanto sujeitos. Uma natureza que, de modo tão temerário quanto fascinante, nos conecta com o que excede ao campo delimitado pelo universo Imaginário e Simbólico, indicando que há um Real indomável. É da posição de objeto que a fruição relativa a esse gozo se dá. O sujeito resta aí atravessado pela revelação, afetado pelos seus efeitos, mas não é ele o sujeito da experiência. Essa *ex-siste* ao sujeito, acontece fora.

Qualificá-lo como suplementar também é um modo de não o situar como complementar ao fálico: entre eles não há correspondência. O feminino de que aqui se trata não é correlativo a um fálico, masculino, mais indica que há um "a mais" que escapa à lógica da divisão sexual. Há um excesso que insiste.

Que esse gozo seja suposto ao feminino, que ele se avizinhe ao gozo místico, e que ele compareça no que se passa no ato criador, ato que implica um salto no escuro, sem garantias, parece indicar um movimento de encontro com o significante da falta no campo do Outro, S($\mathrm{\cancel{A}}$), onde se toca um nada prenhe de todas as possibilidades.

Porém, talvez possamos depreender dessa experiência, na qual incide uma destituição fálica, também a possibilidade de uma devastação aniquilante que faz comparecer não a dessubjetivação, processo que implica um passo dado para além do Nome ou dos Nomes-do-Pai, com a condição de se ter podido servir dele, mas o aniquilamento subjetivo, no qual esse gozo Outro, feminino, comparece como gozo do Outro. Desse modo, ele incidiria não como encontro com o Outro faltoso, mas com o Outro terrível, intrusivo, sem barra. O Outro que invade e aniquila o sujeito nas experiências de devastação, das quais a crise psicótica é um bom exemplo. Desenvolverei isso mais adiante.

REVIRAMENTOS DO FEMININO

Vou lhes contar uma outra anedota que demarca o momento em que despertei para a possível diferenciação entre gozo Outro e gozo do Outro. Certa vez, numa reunião Lacanoamericana de Psicanálise em Rosário, na Argentina, creio que em 1999, Didier-Weill me interrogou enquanto escutávamos a apresentação de um trabalho de uma colega: "Você acha que o Gozo Outro e o Gozo do Outro são a mesma coisa?". Ao que eu respondi, sem pensar muito: "Creio que sim". De imediato, ele revidou assertivamente: "Pois não são!" Ele, porém, nunca mais voltou à questão. Eis que me pôs a trabalhá-la daí por diante.

Efetivamente, embora o gozo Outro e o gozo do Outro não sejam claramente explicitados por Lacan como duas vertentes o Gozo Feminino, ele deixa rastros para que se possa fazer essa diferenciação. Mais do que isso, essa diferenciação talvez possa fornecer chaves de entendimento para experiências de difícil assimilação. Penso que, na perspectiva dessa diferenciação, podemos encontrar inclusive elementos importantes que contribuam até mesmo no diagnóstico diferencial entre experiência mística, marcada pela dessubjetivação, e a experiência psicótica, marcada pelo aniquilamento subjetivo.

Sobre essa questão, publiquei com Bruno Albuquerque um artigo intitulado "Lacan e a experiência mística à luz da Psicanálise"[12], no qual revisitamos uma passagem do seminário 3, *As psicoses*, bastante instrutiva para esclarecer essa diferença. Retomarei aqui alguns pontos.

É bem sabido que a temática religiosa é uma constante nos delírios paranoicos. Assim, a referência a Deus, a Jesus, ao

---

[12] MAURANO, Denise; ALBUQUERQUE, Bruno. "Lacan e a experiência mística à luz da psicanálise". *In: Revista Latinoamericana de Psicopatologia Fundamental*, v. 22, n.3, setembro 2019, p. 439- 456.

O FEMININO COMO EXCESSO, "EX-SEXO"

Messias, é farta, indicando uma relação desmedida com algo que se apresenta como totalidade. No seminário desenvolvido em 1955-1956, Lacan comenta o caso de Daniel Paul Schreber, cujo delírio místico-religioso descrito em sua autobiografia[13] foi analisado pelo criador da psicanálise. Observa que a grande diferença entre São João da Cruz e Schreber é que a entrega à alteridade feita pelo místico é consentida e desejada pelo sujeito. Ele não tem o poder de fazê-la acontecer, mas se dispõe, anseia por essa possibilidade. Já o psicótico ou o devastado vive esse encontro com a alteridade de maneira invasiva e aviltante. Trata-se aí, eu diria, não propriamente da incidência do gozo Outro, consentida e ansiada pelo sujeito, mas da experiência intrusiva do gozo do Outro. Nela, o pai, ou qualquer de suas versões, não deixou sua marca, de modo a que se pudesse prescindir dele, ultrapassá-lo.

Na contramão da tendência corrente no chamado campo psi de caracterizar as experiências místicas como sintomas histéricos ou fenômenos psicóticos, Lacan, no seminário *Mais, ainda*, se refere à mística como "algo de sério, sobre o qual nos informam algumas pessoas, e mais frequentemente mulheres, ou bem gente dotada como São João da Cruz" [14]. Para ele, esses sujeitos "experimentam a ideia de que deve haver um gozo que esteja mais além", e conclui: "É isto que chamamos os místicos"[15].

---

[13] SCHREBER, Daniel Paul. *Memórias de um doente dos nervos*. Rio de Janeiro: Paz e Terra, 1995.

[14] LACAN. *O seminário, livro 20: Mais, ainda*. Trad. M.D. Magno. Rio de Janeiro: Zahar, 1982, p. 102.

[15] *Idem, ibidem.*

2. O feminino como *gozo do Outro* e o feminino como *gozo Outro*

Para melhor explicitar a diferença entre a mística sanjuanista e a psicose schreberiana, vou passar, primeiro, por uma rápida apresentação acerca da incidência do feminino na psicose de Schreber.

Trata-se de um doutor em Direito, Daniel Paul Schreber, que, encontrando-se internado em um asilo psiquiátrico, escreve um livro autobiográfico, *Memórias de um doente dos nervos*, buscando sustentar argumentos que fundamentassem suas estranhas experiências e lhe dessem subsídios para defender sua saída da hospitalização, visando ainda auxiliar os médicos no entendimento do que se passa na loucura. Ao ler esse livro, Freud escreveu suas inferências. Podemos dizer que a principal delas é a que considera o estado de feminilização como a causa da psicose de Schreber cujas ideias de perseguição teriam surgido como defesa frente a uma fantasia homossexual. A paranoia viria então defendê-lo do insuportável de se deparar com a presença dessa fantasia. Vamos entender melhor isso.

Na história de Schreber, aparece primeiro uma crise de hipocondria aos quarenta e poucos anos, que o deixa internado seis meses aos cuidados do dr. Flechsig. Findos estes, retorna ao trabalho e passam-se oito anos tranquilos, afetados apenas pela frustração de não ter filhos. Ocorre, então, que o advogado é nomeado para o cargo de Juiz Presidente do Tribunal de Apelação e, antes da posse, ele passa a sonhar que a crise voltaria. Até que um dia, entre o sono e a vigília, é avassalado

O FEMININO COMO EXCESSO, "EX-SEXO"

pela fantasia: "deveria ser realmente bom ser mulher se submetendo ao coito"[16]. Feminilização referida, supostamente, segundo Freud, a sua posição apassivada frente ao dr. Fleschsig e à qual ele reage com repúdio e indignação.

O quadro evolui, Schreber é internado e, quando sua mulher viaja — presença que supostamente viria atuar como proteção contra a homossexualidade —, se vê invadido por diversas ejaculações em uma noite, que virão caracterizar para ele a eclosão de sua psicose, trazendo-lhe o que Lacan nomeia como "vivência do crepúsculo do mundo"[17]. Se via tomado por ideias hipocondríacas, acreditava-se morto e em decomposição, sentia seu corpo sendo manipulado, tinha alucinações auditivas e visuais, e ideias de que estava sendo perseguido por seu médico. Vivia a experiência de que sua alma seria entregue ao médico e seu corpo seria transformado em mulher para abusos sexuais.

Para Freud, a fim de defender-se de uma fantasia homossexual intolerável, nosso juiz teria reagido com o delírio de perseguição, valendo-se do mecanismo de projetar no médico o que diria respeito a ele próprio. Na hipótese freudiana, diante do intolerável da formulação: "Eu (um homem) amo outro homem", ele opera uma mudança no verbo da frase, transformando-a para: "Não o amo, o odeio". Diante do que conclui, persecutoriamente, via uma projeção — "Ele me odeia" —, constituindo assim seu delírio paranoico.

Porém, o delírio de Schreber passa a uma segunda fase, não mais persecutória, e sim megalomaníaca. Nesta, através da

---

[16] Schreber, Daniel Paul. *Memórias de um doente de nervos*. Tradução: Marilene Carone. Rio de Janeiro: Paz e terra, 1995, p. 54.

[17] LACAN, Jacques. *O seminário, livro 3: As psicoses*. Tradução: Aluísio Menezes. Rio Janeiro: Jorge Zahar, 1985, p. 127.

REVIRAMENTOS DO FEMININO

construção de um corpo imaginário, agora delimitado e não mais tomado pelas invasões do Outro, ele faz um resgate narcísico: valoriza a mulher na qual ele se vê transformado, constituindo-se como "a mulher de Deus", designado que estava para a constituição de uma nova raça de homens. Assim, por meio de um culto do feminino, reunifica e reanima seu próprio corpo, reorganiza-se, escreve suas memórias e, com isso, convence os médicos a lhe concederem alta da internação. Seis anos de internação já haviam se passado.

Como bem sabemos, Lacan será o analista que tomará para si a tarefa de aprofundar a questão da psicanálise de psicóticos, aceitando o desafio proposto por Freud de estender o alcance do tratamento psicanalítico. Com suas pesquisas, acaba por imprimir novas orientações para a abordagem dessa questão. Percebe o surto psicótico como manifestação de uma dissolução imaginária, onde todas as referências nas quais o sujeito se apoiava se desfazem, presentificando sua existência como puro enigma, e promovendo um retorno a uma dimensão real do desejo da mãe, que, sem a mediação paterna, permanece um puro enigma. Lugar de uma alienação atroz, devastadora, que impõe uma desvirilização total, uma feminilização forçada, um apassivamento avassalador.

A mediação simbólica é substituída por uma proliferação imaginária que, no caso de Schreber, é expressa pelo crepúsculo da realidade, vivência de fim de mundo e toda uma cascata de produções que tentam dar conta dessa falta de mediação. Ou seja, perdido quanto a si mesmo, nadificado em sua existência subjetiva, Schreber desliza numa infinidade de sentidos por onde tenta resgatar algum valor. Sem um terceiro elemento mediador creditado à função paterna, o sujeito, aprisionado no dualismo mãe-filho, fica refém de um funcionamento especular

O FEMININO COMO EXCESSO, "EX-SEXO"

no qual permanece assujeitado aos caprichos do Outro — Outro que tem na mãe uma de suas primeiras expressões.

Trata-se da falta do que Lacan chama de significante do Nome-do-Pai — representante fálico privilegiado, que viria funcionar como organizador da lei — sem o qual o sujeito perde a possibilidade de identificação com um modelo na posição sexual, perde o referente simbólico, fundamental para poder responder com seus traços ao enigma radical do sexo para o sujeito falante. Portanto, sua possibilidade de se identificar com seu próprio sexo e deliberar acerca do que quer fazer com essa identificação fica perturbada de maneira bastante significativa. Sendo assim, por não poder se situar na vertente de uma afirmação de si sustentada pela potência fálica, ou seja, por um poder do qual se vê investido, o sujeito se vê forçado a um gozo fora dos limites fálicos, situado do lado feminino, o que determina o chamado *empuxo-à-mulher.* Por razões que já explicitei anteriormente, prefiro designá-lo como *empuxo-ao--feminino.* A questão é que, tal como o psicanalista francês formula no texto "Questão preliminar a todo tratamento possível das psicoses", na impossibilidade do psicótico de ser o falo que falta à mãe, ser uma potência que imaginariamente a complementaria, resta-lhe ser a mulher que falta aos homens.

Como vimos, à tese de Freud que pressupõe uma bissexualidade presente em todos nós, Lacan acrescenta a existência de uma dualidade de gozos. Assim, seríamos regidos, em diferentes proporções, por duas modalidades de gozo às quais todos os sujeitos, seja qual for o gênero com que se identificam, homens, mulheres ou outros, estariam vulneráveis: um gozo fálico, viril, afirmativo, sexualizado, que pode ser representado, referido a posições tomadas na divisão sexual, e um gozo Outro, evanescente, fora do universo significante, *fora-do-sexo*, louco,

REVIRAMENTOS DO FEMININO

fora da própria possibilidade de ser universalizável, suposto ao feminino. Tal suposição da existência desse gozo Outro, suplementar, decorreria da própria insuficiência da satisfação possibilitada pela afirmação viril.

Sublinho aqui, mais uma vez, que o feminino do qual aqui se trata, diz respeito não ao que se opõe ao masculino na partilha dos sexos, mas ao que se encontra *fora-do-sexo*. Assim, estamos longe da ideia de um sexo contra o outro. Lacan chama a atenção para essa outra relação com a satisfação paradoxal, particular ao feminino, que longe de visar a afirmação de potência, dirige-se ao esvanecimento num campo não propriamente relativo ao sujeito, mas a sua entrega, sua deposição. Obviamente, nenhum sujeito pode se instalar completamente nesse campo. É nesse sentido que Lacan afirma que *A Mulher não existe*. Ou seja: ninguém, nem mesmo nenhuma mulher, pode estar toda inserida nesse feminino, algo de viril está sempre operante nela para que se possa responder de um lugar de sujeito.

Será pelo viés do descrito até aqui que, nesse campo no qual se instaura o *gozo feminino*, encontramos tanto a semelhança quanto a diferença entre o gozo relativo à posição feminina e o gozo pelo qual o psicótico é tomado. Ou, usando os termos propostos: a diferença entre o gozo Outro e o gozo do Outro. Ao gozo relativo à posição feminina, se atribui essa condição de ser um gozo suplementar ao fálico, portanto, bordejado por este, ainda que situado num além deste. Refere-se a uma experiência que é acolhida pelo próprio sujeito, ainda que o ultrapasse, lhe exigindo uma entrega de si. Vivência próxima da experiência mística, ou mesmo poética, artística, e que participa em certa medida do processo psicanalítico na dimensão em que este conduz o sujeito para um além da fixação na satisfação fálica, rumo ao feminino.

O FEMININO COMO EXCESSO, "EX-SEXO"

Esta experiência é bem-vinda ao sujeito. Não escapa a sua possibilidade de deliberar, ainda que delibere sair de cena, enquanto sujeito desejante, para entregar-se ao que se encontra mais próximo da experiência pulsional. Esse gozo Outro é diferente do gozo ilimitado que irrompe no surto psicótico enquanto gozo do Outro. Esse gozo do Outro, embora participe do campo do feminino, parece comparecer como o que retorna para o sujeito, presentificando o puro enigma do qual ele, enquanto sujeito, sente-se excluído, mero objeto de uma manipulação mortal cuja falta absoluta de limites traz a ameaça de dissolução. Gozo, portanto, "mal-vindo", nefasto, como todo surto o atesta. E não apenas o surto psicótico, mas experiências de devastação na qual o sujeito se dissolve em pura perda, em paixões avassaladoras, denotam a intrusão do *gozo do Outro*.

O caso Schreber mostra de maneira exemplar o caminho de cura tomado pelo sujeito na direção de uma estabilização possível diante deste caos. Se num primeiro momento ele se encontrava submetido ao gozo mortal do Outro, desinvestindo sua libido do mundo como modo de defesa radical, num segundo momento, reconciliando-se com sua transformação em mulher no intuito de, enquanto mulher de Deus, constituir uma nova raça de homens, ele cria para si um lugar de exceção. Com ele, Schreber restaura a regra, a "ordem das coisas no mundo", possibilitando reinserir-se neste, reinvestindo assim sua potência libidinal e a possibilidade de encontrar uma medida fálica para si mesmo. Transforma, de certo modo, o gozo nefasto do Outro sobre ele, em um gozo Outro, do qual, tomando uma posição feminina, ele pode gozar. Com a criação delirante, encontra um modo de suplementar a medida fálica ausente, ainda que a ultrapasse rumo ao feminino.

REVIRAMENTOS DO FEMININO

Não podendo sustentar a ordenação das coisas pelo significante Pai, Schreber arranja um modo próprio de sustentá-la pelo significante Mulher, encarnado por ele mesmo. Ele será A Mulher que vai reinstaurar a ordem das coisas no mundo. Assim, outra metáfora se produziu, possibilitando-lhe um lugar de existência possível. A Mulher vem para ele no lugar de um Ideal, trazendo-lhe alguma ancoragem. Afinal, os ideais nos ancoram mesmo. E pode-se dizer que, diferentemente do que nosso mestre Freud pensou, não se trata aí de megalomania. Segundo Lacan, esse ideal permite a Schreber até mesmo tomar uma posição na partilha dos sexos. O gozo antes avassalador, encontrando sua inscrição como feminino, se liga à imagem e à pulsão escópica restaurando um contorno fálico para sua experiência, via por onde Schreber pode acolhê-la e, de algum modo, reconhecer-se.

Em Freud, a homossexualidade de Schreber é causa desencadeadora de sua paranoia; em Lacan, não se trata propriamente de homossexualidade, mas de uma feminilização que é efeito do não posicionamento dele na partilha dos sexos. Seu surto não foi propriamente um chamado a se colocar na posição feminina nessa partilha, mas a evidenciação de um fora de lugar. Uma não inscrição que vem se configurar como invasão do feminino como ilimitado. Schreber encontrava-se *fora-do-sexo*, alheio ao sexual, e foi o chamado a que assumisse um lugar nesse plano que desencadeou sua crise, já que não tinha como responder a esse apelo. Nomeado Juiz Presidente do Tribunal, convocado à assunção de um lugar de paternidade, Schreber se perde e é invadido por esse *empuxo-ao-feminino*. Para encontrar-se, acaba por afirmar um endereçamento ao feminino, agora como posição possível na partilha dos sexos, por onde configura um lugar de identificação possível.

O FEMININO COMO EXCESSO, "EX-SEXO"

Se através dos tempos o feminino foi combatido de diferentes modos pela cultura fálica, numa misoginia que ganhou diversas expressões, é porque acolher o que em nós escapa à ordem da virilidade e da distinção é embrenhar-se num campo arriscado, mas nem por isso menos rico e fascinante. Campo relativo à posição feminina que tem na loucura, em certos movimentos da arte e da literatura e na psicanálise expressões preciosas que devem, a meu ver, ser melhor contempladas por nós.

No caso de Schreber, a emergência do feminino não se constituiu como o resultado do modo como compôs seu lugar na partilha sexual a partir das tramas de seu romance edípico, mas como um não lugar. Fixado em termos pulsionais, nesse ponto aquém da problematização trazida pelos desdobramentos edípicos, ele é invadido pelo Outro, como alteridade radical, na dimensão de um apassivamento e uma alienação não consentida, atroz e aniquiladora. Porém, apesar de Schreber ter se perdido, ele acabou por encontrar-se na afirmação de um endereçamento ao feminino

Se pensarmos o feminino como esse campo que excede ao sexual, poderemos localizar tanto o que excede pré-edipicamente, portanto antes da inscrição na partilha sexual, quanto o que pode manifestar-se como fenômeno intrusivo do gozo do Outro. Experiência que acomete a psicose, mas também outras formas de devastação. Correlativamente, poderemos localizar o que excede pós-edipicamente, como a experiência consentida de um gozo Outro na qual o sujeito pode valer-se da delimitação simbólica e de tudo o que é da ordem da partilha, mas pode também ultrapassá-la, ultrapassando o "si mesmo", em direção a um mais além do "rochedo da castração"...

Nessa perspectiva, é importante sublinhar que a experiência do gozo feminino abarca tanto o gozo do Outro, quanto o gozo

REVIRAMENTOS DO FEMININO

Outro. Este último só pode se dar quando o sujeito se constitui de modo a funcionar psiquicamente a partir do enodamento dos registros Real, Simbólico e Imaginário de suas experiências. Ou seja, como disse acima, é fundamental que o Complexo de Édipo — enquanto estrutura complexa que organiza a experiência subjetiva que compõe a arquitetura do sujeito — tenha cumprido sua função de mapear o mundo para que o sujeito possa nele tomar uma posição, ainda que seja para prescindir pontualmente das "coordenadas edípicas", como na experiência jubilatória do gozo Outro.

Quando isso não ocorre e o Complexo de Édipo não logra instituir o Nome-do-Pai como significante que faculta a nomeação subjetiva, favorece-se que a um dado momento na vida do sujeito, este, chamado a responder de um lugar para o qual não está instrumentalizado, se vergue frente à irrupção do Real na cena psíquica. O psiquismo, então, passa a se transformar em palco para a intrusão abusiva e devastadora do gozo do Outro, engendrando não propriamente uma dessubjetivação, mas uma anulação subjetiva da qual o surto psicótico constitui o exemplo mais impactante, como atesta a autobiografia do presidente Schreber.

Enquanto para Schreber, num primeiro momento, a experiência de Deus em seu surto psicótico é vivida como intrusão abusiva do Outro — que sem consultá-lo o emascula, tornando-o sua mulher —, o místico São João da Cruz se refere a um casamento com Deus, no qual uma busca ativa se dá em prol de uma finalidade passiva. Esse "casamento", que é uma experiência absolutamente singular e intransmissível, é celebrado com júbilo e posteriormente delimitado pelo texto poético que lhe faculta alguma transmissibilidade.

Na experiência angustiante e intrusiva do "empuxo-ao-feminino" de Schreber, este, anulado subjetivamente, encontra-se

O FEMININO COMO EXCESSO, "EX-SEXO"

na posição de objeto do gozo do Outro, numa alienação absolutamente radical. No caso de São João da Cruz, opera-se uma dessubjetivação consentida, não propriamente resultado do desejo do sujeito, já que o sujeito não é o mestre desse gozo, mas de uma entrega subjetiva, razão pela qual essa experiência, quando acontece, é vivida como um gozo Outro, promotora de júbilo e celebrada no ato poético que lhe confere, com sua escrita, uma posição na ordem simbólica.

Ainda que o gozo do Outro compareça de modo devastador no surto psicótico, isso não significa que nas outras estruturas defensivas, como a neurose e a perversão, este não possa ser desencadeado em momentos pontuais de devastação subjetiva. A experiência do gozo do Outro, então, não surge de modo algum como júbilo ou celebração, mas ao contrário, como angústia de aniquilamento e devastação. O Outro nessa experiência está longe de ser a referência simbólica à qual o sujeito está remetido, mas configura-se como potência real, com todo o peso do aniquilamento subjetivo.

Aqui, antes de avançar com Lacan — servindo-me das contribuições advindas das fórmulas da sexuação para adicionar-lhes minhas proposições —, vou retornar a Freud para melhor fundamentá-las. Para isso, lanço mão também de algumas ideias, anteriormente desenvolvidas junto com Joana Souza num livro intitulado *A saga do feminino na mulher: a misoginia à luz da psicanálise*[18], desenvolvido a partir de sua tese de doutoramento defendida no Programa de Pós-Graduação em Memória Social na UNIRIO, da qual fui sua orientadora.

---

[18] MAURANO, Denise; SOUZA, Joana Dark. *A saga do feminino na mulher: a misoginia à luz da psicanálise*. Rio de Janeiro: 7 letras, 2023.

REVIRAMENTOS DO FEMININO

3. O feminino como excesso

O texto *Além do princípio de prazer* abre para as principais alterações feitas por Freud a respeito do conceito de masoquismo. Se antes ele postulava a existência de um sadismo anterior ao masoquismo, nesse texto é a prevalência de um masoquismo primário que ganha relevo, levantando a hipótese, que vem muito a calhar na investigação aqui desenvolvida, da existência de uma passividade anterior relativa ao feminino. Percebe-se claramente que uma subversão é operada na concepção tanto do sadismo quanto do masoquismo. A ideia proposta é do surgimento do sadismo como decorrente de pulsões pré-genitais, provindas da pulsão de morte. Porém, tais pulsões sofreriam a influência de Eros: amalgamadas a ele e, portanto, à libido narcísica, tais pulsões expulsas do eu se voltariam aos objetos. É desse modo que o sadismo entra em ação a serviço da função sexual, podendo até tornar-se independente e encampar perversamente toda a vida sexual do sujeito

A hipótese apresentada é da existência de um masoquismo originário anterior ao sadismo, no qual a pulsão de morte, como ponto de partida, estaria voltada ao próprio eu, buscando restabelecer um estado anterior das coisas. Ora, isso dá margem a pensar que o estado anterior de coisas é o estado de Coisa. Ou seja, essa anterioridade na qual o que é da ordem da construção subjetiva vai se dar permanece como uma pressão que indica uma tendência ao que não é subjetivo, tendência ao "estado de Coisa" do qual toda a vida provém, revelando que a ruptura com isso é parcial, "não toda", de modo que algo

O FEMININO COMO EXCESSO, "EX-SEXO"

permanece fruindo dessa continuidade e operando com ela, para o melhor e para o pior.

Pois bem, agora poderia perguntar: Quais os terrores que um pensamento dessa natureza pode causar no narcisismo fálico, seja de um sujeito, seja de uma cultura? Por que esse aspecto da teoria freudiana, que afirma a existência e anterioridade da pulsão de morte, foi e é até hoje tão dificilmente assimilado? O que o feminino tem a ver com isso?

Posso pensar que o sentido mesmo do imbricamento pulsional seja a erotização da destrutividade que é inerente à pulsão de morte, e, portanto, do desprazer, ou do "mais além do princípio do prazer" que acompanha esse retorno pulsional, que é a essência do masoquismo. Por esse viés, talvez possa localizar aqui a dimensão *hors-sexe*, *fora-do-sexo*, do masoquismo e, nesse sentido, também do feminino, dentro da perspectiva que aqui está sendo proposta. No entanto, não podemos perder de vista a existência de outra dimensão do feminino que não é *hors-sexe* e que é relativa a uma posição sexual que a composição da feminilidade vem recobrir. Nessa perspectiva, a feminilidade seria a particularidade de uma posição feminina na disputa fálica, sexual. Ou seja, um modo pelo qual a composição de um conjunto de caracteres pensados social e culturalmente como designativos da mulher pode ser acessada para compor uma identificação feminina, enraizada ou não no sexo de nascimento.

Desse modo, a abordagem freudiana nos dá margem para supormos duas vertentes de abordagem do feminino. Uma que se relacionaria a uma indiferenciação originária, que se enraíza na pulsão de morte como ponto de partida de toda pulsão na constituição do psiquismo, e outra decorrente de processos identificatórios relativos a posicionamentos que delimitam o que é o feminino nas trocas sexuais praticadas numa cultura em relação à sua diferença, com o que seria o masculino nessa mesma cultura.

Na elaboração freudiana, a pulsão de morte não indica a presença de uma maldade originária no ser humano, apontando, sim, que se por um lado a subjetividade é a resultante de processos de identificação, regidos por Eros num apelo à união, a pulsão de morte indicaria a existência de um campo mais além da representação simbólica. Um campo de retorno ao ponto de partida no qual se situa, como propus anteriormente, a "origem da criação artística na busca de dar visibilidade ao invisível, ao irrepresentável"[19], no imperativo da revelação.

Em psicanálise, o masoquismo também não tem estatuto patológico como o propôs Krafft-Ebing ao criar esse conceito. Para Freud, trata-se no masoquismo de uma condição *princeps* e estruturante da subjetividade, dado que o assujeitamento ao desejo do Outro é condição essencial para nos constituirmos como mais um elo na cadeia dos seres humanos. Cabe abrir um parêntese ao qual retornarei no final. Nessa perspectiva, talvez possa pensar que esse assujeitamento ao desejo do Outro extrapole a cadeia dos humanos e revele um assujeitamento à matéria da qual proviemos, o nosso entorno, e mesmo o ecossistema do qual somos parte.

"O problema econômico do masoquismo" é um texto precioso no sentido de aprofundar o questionamento do que Freud havia proposto no início, que era a primazia do princípio do prazer como guardião da vida psíquica. Nele o autor percebe

---

[19] MAURANO, Denise. *Torções: a psicanálise, o barroco e o Brasil.* Curitiba: CRV, 2011, p. 29.

O FEMININO COMO EXCESSO, "EX-SEXO"

que a dor, ou a posição de sofrer a ação, pode deixar de ser um alarme para vir a ser o que se almeja.

Temos, assim, um paradoxo que bem aponta a complexidade da relação prazer-dor. Isso me faz lembrar uma situação bastante curiosa que passei com minha filha quando ela tinha seus 5 anos de idade. Brincando de encenar com ela a conhecida fábula *Os três porquinhos,* eu fazia o papel do lobo e ela do porquinho que seria devorado desde que o lobo destruísse a casa onde este se abrigava. De repente, ela começa a chorar copiosamente e eu penso que talvez eu tenha imprimido muita veracidade ao meu personagem. Apressei-me em acalmá-la, lembrando a ela que a gente estava brincando e que eu não era o lobo, mas a mamãe. Ao que ela retrucou imediatamente: "Eu sei mamãe!" Perguntei-lhe, então, se sabia por que estava chorando tanto. Ela então me disse, ainda chorando: "Porque eu gosto. Faz de novo."

Bem sabemos que essa experiência não é incomum. Nem nas crianças, nem nos adultos. Afinal, o que faz o sucesso dos filmes de horror ou mesmo dos noticiários sangrentos? E isso sem falar do apego às "paixões tristes". Aliás, além de certos jogos infantis, foram as compulsões, as reações terapêuticas negativas, nas quais o sujeito insiste nas respostas sintomáticas, o apego ao traumático, que levaram Freud a formular que o psiquismo não era apenas pautado pelo princípio do prazer, mas que havia esse mais além que respondia à pulsão de morte.

Recordo também de uma passagem na clínica na qual o analisante aborda, com um certo pudor, a fantasia de ser batido, que o excita no ato sexual. Na exploração dessa fantasia, lembra que um dos raros momentos em que se sentia próximo do pai era durante um jogo que ele inventara no qual a cada vez

Reviramentos do feminino

que um perdia, o outro deveria bater. Não para machucar ou agredir, mas possivelmente para, pela via de um toque firme, marcar uma presença, um reconhecimento, um recorte, digamos assim, onde este claudicava de modo significativo.

O estudo do masoquismo lança luz sobre a paradoxalidade da relação prazer-dor. Parece haver um imperativo de satisfação ao qual cabe até mesmo a erotização da morte ou do que se afigure como o pior. Talvez algo que sinalize o equívoco das construções feitas em nossa cultura, na qual vida e morte se opõem radicalmente ao invés de constituírem manifestações de um sopro ciclicamente conjugados. Vida e morte encontram-se articuladas, pois se há vida há também gozo, ainda que às expensas do que aparentemente se oporia à vida. Desse modo, ao princípio do prazer se adiciona, ou se embrica, seu mais além. Marcando com isso tanto a complexidade da vida, quanto das relações humanas. Aqui acrescento as relações com o nosso entorno.

Da mesma forma, chama a atenção o fato de que o princípio de prazer ao qual se atrelaria a pulsão de vida surge de uma transformação operada na própria pulsão de morte pela adesão da libido ao objeto, o que ratifica a afirmação feita por Lacan em 1964, no seminário sobre *Os quatro conceitos fundamentais da psicanálise*, de que só há uma pulsão e que ela se apresenta a partir de suas duas faces: uma que presentifica a sexualidade no inconsciente e outra que, em sua essência, presentifica a morte. Mas é importante entender que essa morte que está aí presentificada já é a resposta pulsional, humana, ao que na natureza se encontra como instinto no mecanismo acéfalo de retorno ao inanimado. O que pode ser entendido como retorno a essa condição de objeto da qual nos diferenciamos como sujeitos, mas jamais completamente.

O FEMININO COMO EXCESSO, "EX-SEXO"

É nesse artigo de 1924 que Freud faz uma importante distinção entre o princípio do Nirvana, tal como proposto pela psicanalista inglesa Barbara Low, indicando uma tendência ao zero de tensão, e o princípio do prazer.

> Assim observamos uma pequena, mas interessante sequência de relações: o princípio de Nirvana expressa a tendência da pulsão de morte; o princípio de prazer a transforma em exigência da libido; e o princípio de realidade, a influência do mundo exterior.[20]

Freud supõe que toda a ocorrência relevante no organismo cede seus componentes à excitação sexual. Assim, também a excitação decorrente da dor e do desprazer não fugiriam de ficarem associadas à excitação sexual. Isso constituiria um mecanismo fisiológico infantil que funcionaria como uma base daquilo que, nas diferentes constituições sexuais, se apresentaria com diferentes graus de desenvolvimento, funcionando, em todo caso, como a superestrutura sobre a qual se erige o masoquismo erógeno[21]. Desse modo, desenvolve a ideia de que a estruturação do eu humano se dá em torno de um núcleo masoquista erógeno. Caberia então ao princípio de prazer recobrir libidinalmente o processo de constituição subjetiva, tendo em vista a alienação que ela comporta. Faz-se necessário que a alienação seja de alguma forma erogeneizada, função cumprida pelo masoquismo erógeno.

---

[20] FREUD, Sigmund. (1924) "El problema económico del masoquismo". In. FREUD, Sigmund. *Obras Completas, v. 18*. Buenos Aires: Amorrortu Ed. 1988, p. 166.

[21] *Idem*, p. 169.

REVIRAMENTOS DO FEMININO

A libido teria por função recobrir a pulsão de morte, torná-la inofensiva em sua tarefa de conduzir o ser vivo ao que lhe é elementar na radicalidade da estabilidade do inanimado. Assim, caberia à libido desviar parcelas da pulsão de morte para os objetos do mundo externo de modo que ela atue como pulsão de destruição, de apoderamento ou vontade de poder. Outra parcela da pulsão de morte, capturada pela libido, se colocaria a serviço da função sexual, o que bem se expressa no sadismo, cumprindo um importante papel na vida sexual. Mas, teria uma parcela da pulsão de morte que não participaria dessas transposições. Teria permanecido fixada libidinalmente, no organismo, diz ele. É essa parcela que Freud designa como masoquismo original erógeno nesse texto de 1924 que ora discuto.

O que me chama a atenção, tal como sinalizado no trabalho desenvolvido com Joana Souza acerca da *Saga do feminino na mulher*[22] — e que foi de suma importância no contexto da pesquisa sobre o feminicídio —, é essa afirmação freudiana de que o masoquismo erógeno corresponde a uma parte da pulsão de morte que permanece inalterada no interior do organismo, porém fixada libidinalmente pelo princípio de prazer. Assim, de um lado temos no psiquismo o masoquismo erógeno e, de outro, o sadismo, oriundo da parcela dessa pulsão que foi deslocada e colocada a serviço das pulsões sexuais.

A partir desse masoquismo erógeno, Freud pressupõe a existência de duas outras expressões do masoquismo: o feminino e o moral. Curiosamente, ele atribui a presença do masoquismo feminino em fantasias de apassivamento, como ser açoitado, maltratado, humilhado, castrado, muito frequentes

---

[22] MAURANO, Denise; SOUZA, Joana Dark. *A saga do feminino na mulher: a misoginia à luz da psicanálise*. Rio de Janeiro: 7 letras, 2023.

O FEMININO COMO EXCESSO, "EX-SEXO"

em homens. Nessas fantasias, os homens se veem em posições por eles creditadas às mulheres. Elas seriam um meio de se redimirem de atos penosos, satisfazendo sentimentos de culpa na função de negociar com as cobranças do supereu.

Já o masoquismo moral seria uma expressão direta da necessidade de punição, dado o sentimento inconsciente de culpa. Daí ele poder predispor o sujeito a riscos e até à autodestruição, como via de expiação. Será a dimensão inconsciente dessa culpa que faz dela algo bastante temerário.

Lembro-me aqui de um caso amplamente noticiado e comentado há muito tempo pelo psicanalista Contardo Calligaris na coluna que mantinha na *Folha de São Paulo*[23], de um rapaz que, no auge do surgimento dos antidepressivos como pílulas da felicidade, fez uso de um medicamente dessa natureza e, mitigada a tensão que o acompanhou toda a vida, ele se mata justamente por se ver impossibilitado de saldar, com a culpa, sua dívida para com o supereu.

Parece que o masoquismo tanto feminino como moral, de distintos modos, relaciona-se com uma forma de operar com a culpabilidade, o que o situa com um estatuto diferente daquele do masoquismo erógeno, que não opera pela culpa.

Creio que o que foi desenvolvido até aqui já deixa transparecer que aquilo que Freud denomina como masoquismo erógeno talvez indique esse campo anterior à delimitação subjetiva, campo no qual comparece a erogeneização da alienação intrínseca à formação do eu. Campo de um apassivamento essencial com o qual o futuro sujeito aquiesce, vindo a consentir em

---

[23] CALLIGARIS, Contardo. "O risco de se suicidar feliz". In: *Folha de São Paulo*, 18 de maio de 2000. Disponível online no endereço: https://www1.folha.uol.com.br/fsp/ilustrad/fq1805200030.htm, acessado em 17 de outubro de 2023.

REVIRAMENTOS DO FEMININO

entrar no universo humano delimitado pela linguagem. A operação erógena presente nesse processo parece indicar esse campo fronteiriço no qual o que tentamos designar como feminino está instaurado. Desse modo, para nós, o masoquismo erógeno seria uma das expressões de uma certa apropriação do campo do feminino.

Já o masoquismo dito, por Freud, "feminino", como foi mencionado acima, seria a fantasia masculina produzida pelos sujeitos sobre o que pode ser fonte gozo na passividade com a qual se metaforiza o feminino. O caminho percorrido serve para tentar embasar a associação entre o que é da ordem do feminino, com as finalidades passivas na obtenção da satisfação da pulsão em seu caráter mais originário, e o que se refere à pulsão de morte. Mas não no sentido de pensar a pulsão de morte meramente como destruição, mas de pensá-la, paradoxalmente, como relativa ao ciclo da vida, lugar de engendramento e renovação. Lugar de onde provém a possibilidade mesma do advento do novo. Aqui, a condição de objeto comparece como causa, como o que precede o sujeito e, desse modo, possibilita inclusive que ele advenha.

Assim, o gozo correlativo ao masoquismo erógeno, enquanto expressão do feminino como base da estruturação humana, pode ser suposto como gozo feminino, podendo comparecer conforme os desdobramentos do sujeito, na sua constituição subjetiva, como gozo Outro ou como gozo do Outro, a depender do modo como a função do pai pode efetivar-se para ele, se considerarmos o que foi proposto acima.

É bom salientar aos que, com um olhar raso e equivocado, quiserem se valer dessas proposições para verem nelas uma confirmação do axioma rodrigueano "mulher gosta de apanhar", que esse "apanhar" responde muito mais a uma visão lançada

O FEMININO COMO EXCESSO, "EX-SEXO"

a partir de uma posição sádica masculina — que transforma a pulsão de morte em pulsão de apoderamento —, do que ao que quer que seja da ordem do feminino, ou da passividade que lhe é correlativa. Além do que, como já ressaltei inúmeras vezes nesse texto, "feminino" e "mulher" não se equivalem.

O fato de se poder verificar a presença do feminino na mulher não a reduz ao feminino. O feminino é apenas uma das presenças que podem se manifestar numa mulher, podendo ainda se manifestar também em outros sujeitos, sejam eles identificados como homens ou como transexuais, bissexuais, homossexuais e toda a gama de possibilidades identitárias.

Agora, é bem verdade que o horror frente à atração que o feminino exerce promoveu formações reativas nas quais, numa justaposição entre o feminino e as mulheres, se produziu uma sociedade patriarcal misógina que explorou e ainda explora as mulheres, na medida em que estas fazem uma intersecção com o que diz respeito ao feminino nelas.

Para maior desenvolvimento da reflexão sobre o horror ao feminino e o que ele pode provocar em muitos sujeitos, sobretudo homens, mas não apenas, convido-os ao texto já mencionado, *A saga do feminino na mulher: a misoginia à luz da psicanálise*[24], que irá propor uma relação entre a devastação no masculino e a violência contra o feminino na mulher.

Bom, agora, nesse nosso caminho tortuoso rumo ao continente negro, que aqui não tem nem mesmo a claridade de se evidenciar como continente das mulheres, vou avançar mais um passo valendo-me dos ensinamentos que posso depreender das fórmulas da sexuação propostas por Lacan.

---

[24] MAURANO, Denise; SOUZA, Joana Dark. *A saga do feminino na mulher: a misoginia à luz da psicanálise*. Rio de Janeiro: 7 letras, 2023.

4. A sexuação e o nosso "a mais"

> [...] o universal do que elas desejam é a loucura: todas as mulheres são loucas, como se diz. É por isso mesmo que não são todas, isto é, não loucas de todo, mas antes, conciliadoras, a ponto de não haver limites para as concessões que cada uma faz a *um* homem: de seu corpo, de sua alma, de seus bens.[25]

Lacan ajuda a esclarecer e, ao mesmo tempo, nos deixa num enorme embaraço com a transposição rápida que por vezes faz entre as mulheres e o feminino, que tentamos diferenciar tanto aqui. Vamos à questão.

No seminário 20, *Mais, ainda*, Lacan vai sublinhar que não há relação entre os sexos. Ou seja, dado que falamos, copulamos com os significantes, com os sussurros ao pé da orelha, não há objeto adequado que responda à necessidade do sexo, porque o ser falante não funciona no nível da necessidade, nesse nível no qual um objeto específico viria suprir uma necessidade. É porque a relação propriamente sexual não se dá entre os sexos, que algo vem em suplência. O que vem para tentar salvar essa rata da complementariedade sexual é o apelo a Eros. A fé de que Há Um. Essa fé de que Há Um, de que podemos de dois fazer Um, ganhou o nome de Amor. Desse modo, resta interrogá-lo no nível da língua, da linguagem, do discurso e do modo como nos situamos no projeto de fazer Um. É sobre essa fé no amor e seus

---

[25] LACAN, Jacques. *Televisão*. Rio de Janeiro: Zahar, 1993, p. 70.

O FEMININO COMO EXCESSO, "EX-SEXO"

efeitos que a análise opera pelos caminhos do que chamamos de transferência, via a fórmula lacaniana de suposição de saber ao analista como pivô desse processo.

O amor vem tentar fazer suplência ao sentido que falta. O amor produz sentido. Quando amamos, tudo faz sentido. E não à toa, esse sentido todo, pleno, que na nossa experiência humana sempre claudica, é creditado ao "velho bom Deus"[26]. Creditamos a Deus o ser da significância, e gozamos com isso, mas estamos alijados desse ser. Disseram que no escrito "A instância da letra ou a razão no inconsciente", com conceito de Outro, Lacan teria exorcizado Deus. Porém, ele diz que aqui talvez pretenda mostrar no que esse "velho bom Deus" existe, acrescentando que talvez esse Outro deva ter alguma relação com o que aparece do Outro sexo[27], referindo-se ao que escapa ao domínio fálico. E, avançando, interroga: "E por que não interpretar uma face do Outro, a face de Deus, como suportada pelo gozo feminino?"[28] Para então, valendo-se com todo o respeito do testemunho dos místicos, se interrogar também se esse gozo do qual se tem só a experiência, mas do qual nada se sabe, se não seria ele que nos colocaria na via da ex-sistência.

Se a questão é a crença, Lacan sugere acreditar no gozo feminino, no que ele é *a mais*[29]. No que está colocado na via da ex-sistência, ou seja, lugar Outro, da verdade onde se produz o "deus-ser, o deuzer, o dizer. Por um nada o dizer faz Deus ser"[30]. Lugar de engendramento creditado ao divino. É a esse ser da sig-

---

[26] LACAN, Jacques. *O seminário, livro 20: Mais, ainda*. Trad. M.D. Magno. Rio de Janeiro: Zahar, 1982, p. 93.

[27] *Idem, ibidem*.

[28] *Idem*, p. 103

[29] *Idem*, p. 103.

[30] *Idem*, p. 62.

REVIRAMENTOS DO FEMININO

nificância, que não está no nosso lugar, mas no lugar do Outro radical, que ele designa com o A maiúsculo. Esse A ficará referido ao feminino estrito senso, não acessível de modo absoluto a nenhuma mulher ou a nenhum sujeito. É por isso que quando for designativo da mulher, por referência ao artigo definido A, sobre ele incidirá uma barra, (Ⱥ), já que nenhuma mulher empírica pode responder de modo total a essa alteridade, o que se condensa na fórmula "A Mulher não existe". No máximo, a mulher serve como uma das metáforas dessa alteridade.

A ênfase dada a essa alteridade destaca que, diante da falha existente no campo das relações de objeto, o campo da falta a ser norteado pela lógica fálica, sexual, há que se supor um campo Outro, mas que, pelo fato mesmo de ser Outro, é outro em relação ao que é delimitado pelo *phallus*. Refere-se a um além do falo, ou, melhor dizendo, refere-se ao aquém e além do falo. Além dessa lógica que preside a partilha sexual.

Mas, se falamos de partilha sexual é porque a dimensão insondável da diferença sexual é revestida por um posicionamento masculino que é distinto de um posicionamento feminino de contornar o que rateia na relação sexual e permanece alheio à apreensão na linguagem. Para tentar esquematizar isso, Lacan propõe o que ficou conhecido como as "fórmulas da sexuação". Ele usa operadores lógicos complexos dos quais vou aqui destacar somente o que acredito que vai nos servir mais diretamente. Trabalhará com elas nos seminário 19, 20 e no texto "O aturdito". Mas será no seminário 20 que mais se deterá em explicitá-las.

Acossado pelas demandas de seu tempo, que exigiam que a psicanálise melhor explicitasse sua abordagem da difícil questão do que difere homem e mulher, Lacan lança mão dessa fórmula que tenta contemplar diferentes lógicas de funcionamento

O FEMININO COMO EXCESSO, "EX-SEXO"

quanto a posições adotadas pelo sujeito que se referencia do lado masculino e daquele que adota o lado feminino. O fato de chamar a esses dois lados de lado Homem e lado Mulher trouxe um bocado de mal-entendidos, já que muitos assumiram que ele estava se referindo a uma partição biológica, ou de gênero, e não a posições que podem ser adotadas por quem quer que seja e que trazem consequências no modo de lidar com os modos de satisfação e com o processamento das fantasias. A fórmula, portanto, focaliza três níveis de abordagem da diferença masculino-feminino.

Outra coisa interessante de ser destacada é que a linha vertical central da fórmula evidencia a partição relativa à secção que se opera na divisão sexual, na qual masculino e feminino se configuram como referentes a serem usados pelos sujeitos conforme uma série de condicionantes que compõem as idiossincrasias de suas constituições subjetivas, com toda a complexidade que nelas se faz presente.

Figura 1: Tábua da Sexuação

$\male$	$\female$
$\exists x\ \overline{\Phi x}$	$\overline{\exists x}\ \Phi x$
$\forall x\ \Phi x$	$\overline{\forall x}\ \Phi x$
$\mathcal{S}$	$S(\mathbb{A})$
	a
Φ	La

Fonte: apresentada no seminário "Mais, ainda..." (1972-1973)

REVIRAMENTOS DO FEMININO

No segundo nível dessa fórmula, encontra-se do lado esquerdo a menção a um modo de operar com o gozo pelo qual o sujeito na posição masculina se inscreve como um todo, pela via da função fálica. Ou seja, nela se vale da lógica pela qual a exceção faz a regra e a regra é o que vale para todos. Como já comentei, essa lógica opera nesse modo de laço social que, se por um lado tem no falo a sua visada, a sua promessa de consistência, por outro lado, ao mesmo tempo, encontra o limite de sua operação que em psicanálise é denominado como "castração". Já que, salvo a exceção creditada ao pai da horda — que supostamente acessava um gozo ilimitado antes da instauração da cultura —, todos os outros têm na limitação imposta pela métrica fálica um limite de acesso ao falo. Ou seja, para todos os outros, incide a castração. É isso que faz da satisfação advinda da visada fálica, um gozo limitado por esse limite simbólico. Todo mundo quer ser Um, mas o que nos resta é sermos mais ou menos Um.

Nesse mesmo segundo nível, do lado direito, em referência à posição feminina encontramos uma outra lógica. Ainda que essa posição feminina esteja inscrita pela referência à divisão instaurada pelo sexual — portanto, pela lógica fálica e consequentemente pela castração —, o que vem distinguir o feminino no seu modo de lidar com a satisfação é o fato de responder por uma posição na qual a submissão à lógica fálica opera, mas não totalmente. Do lado feminino, o que funciona não é a generalização. Não há nem mesmo universalização possível. A modalidade de gozo acessada desde a posição feminina implica uma dualidade na qual, por um lado, a lógica fálica e a dinâmica do gozo limitado pela castração fazem-se presente, mas, por outro — e aí estaria a especificidade do que indicaria propriamente o feminino —, ele está ocupado no Outro disso que não tem medida,

O FEMININO COMO EXCESSO, "EX-SEXO"

nem nunca terá. Digamos que ela está ocupada dessa face de Deus que excede a tudo o que pode ser recortado pela linguagem, mas que indica seu ponto de origem. Por isso dizemos que há algo na posição feminina que excede a circunscrição fálica.

Dito de outro modo, é como se frente à lógica do todo, representada pela orientação geral conferida ao gozo do sujeito na posição masculina, a posição feminina se diferenciasse por ser não toda referenciada por essa lógica fálica, mas pelo que a excede. Para além da querela com os objetos que reluzem falicamente (a), promovendo um acesso ao gozo limitado pela falta da plenitude fálica, e recortado pela fantasia de sutura dessa falta ($\$ \lozenge a$), o feminino está remetido à marca radical de uma privação que favorece o acesso ao Outro, enquanto uma das "faces de Deus", aquela que diz que o sentido é criação: $S(\mathbb{A})$, e que é suportada pelo gozo feminino. Esse gozo, que é passível de ser experimentado, mas do qual nada se sabe, coloca aquele que se encontra na posição feminina na via da ex-sistência. Tudo isso se produz graças ao *ser* da significância que não tem outro lugar, senão o lugar do Outro.

Porém, na dinâmica sexual do sujeito enquanto dividido ($\$$), seu parceiro sexual, embora seja o Outro, dado o laço discursivo (lembrem que copulamos com os significantes), este só pode ser atingido por intermédio do objeto que funciona como causa do seu desejo (a). Por isso que a conjunção entre o sujeito dividido ($\$$) e o objeto (a) é a fantasia ($\$ \lozenge a$). É nessa fantasia que o sujeito é preso e que ele configura o que para ele é a realidade. Por isso, o terceiro nível da fórmula vai se ocupar em indicar as modalidades de fantasia que prevalecem para o sujeito colocado na posição masculina e feminina.

Na esquerda, no lado dito Homem, encontramos dois elementos: $\$$ (sujeito dividido) e Φ (*phallus*). Na direita, no lado

REVIRAMENTOS DO FEMININO

dito Mulher, situam-se três elementos: S(Ⱥ) (significante da falta no campo do Outro), *La* (referência ao feminino com a barra sobre o A para indicar que a mulher, enquanto referida apenas ao feminino, não existe) e o *a* (o objeto). Entre esses elementos há vetores que sinalizam a relação que eles têm entre si. Mas a disposição deles de um lado e de outro já nos dão indicações importantes. De um lado o sujeito (Ƨ) e do outro o objeto (*a*). De um lado o *phallus*, e de outro a relação do feminino com uma duplicidade de gozos que a situam seja em relação ao *phallus* visado do outro lado do quadro, seja ao gozo Outro, referido ao endereçamento ao significante da falta no campo do Outro, onde se situa o gozo propriamente feminino.

> A mulher tem relação com o significante desse Outro, na medida em que, como Outro, ele só pode continuar sendo sempre Outro. [...] O Outro, esse lugar onde vem se inscrever tudo o que se pode articular de significante, é, em seu fundamento, radicalmente Outro. É por isso que esse significante, com esse parêntese aberto, marca o Outro como barrado S(Ⱥ).[31]

Os vetores ajudam nessa conjugação. No lado relativo à posição masculina, no jogo sexual, o que é priorizado na sua fantasia é o endereçamento a esse outro como objeto. Daí o vetor (Ƨ → *a*). O vetor ultrapassando a linha de corte dos dois lados da partilha sexual vai buscar o Outro como objeto. É como se, pela modalização na relação com o objeto, o sujeito suturasse o que o divide. Já no lado Mulher, temos dois vetores que operam indicando uma dualidade. Por um lado, (*La*→Φ)

---

[31] *Idem*, p. 109.

O FEMININO COMO EXCESSO, "EX-SEXO"

indica uma lógica na qual o sujeito na posição sexual feminina busca o *phallus* atravessando o campo da partilha dos sexos, configurando o gozo das mulheres na relação com o *phallus* e à lógica que lhe é própria. As modulações da feminilidade parecem constituir estratégias para jogar com a lógica fálica.

Porém, há outro vetor em jogo, aquele que a conecta com o Outro em sua falta radical ($La \to S(\cancel{A})$). Nesse ponto está o que Lacan designa como o gozo propriamente da mulher, o que prefiro referir como gozo feminino, no caso, gozo Outro. Diz ainda que, nele, Deus ainda não fez sua retirada[32]. É interessante observar que o vetor que faz a conexão com o que opera nesse gozo não ultrapassa a linha de corte da divisão sexual. É o que o situa como gozo Outro, gozo *hors-sexe*, fora do sexo. O sexo não conta nesse caso. Nele, estamos no *ex-sexo*, ou no excesso.

Mas fiz todo esse percurso para introduzir nessa fórmula da sexuação um outro vetor, ele também fora do sexo. Ou seja, alheio à lógica da partilha, dado que esse novo vetor também não ultrapassa a linha vertical que marca a secção. Ele se refere à conexão do feminino com um significante do Outro que, entretanto, se apresenta sem falta: $La \to S(A)$. Isso, a meu ver, parece situar o que se passa com o gozo feminino referido não à falta radical na qual o campo do Outro se suporta. Conecta-se, pelo contrário, com a invasão intrusiva, sem negociação, dessa alteridade radical. Apresenta-se, portanto, como gozo do Outro no qual o sujeito comparece como aniquilado subjetivamente, avassalado por um Real inumano e sem mediação simbólica. A experiência da psicose e outras experiências de devastação podem bem ilustrar isso. Desse modo, proponho

---

[32] *Idem*, p. 103.

adicionar mais um vetor a esse quadro. Meus acréscimos, os marcamos em cinza:

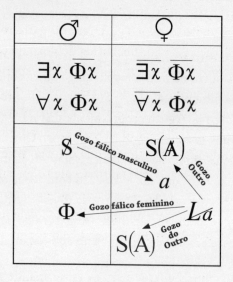

O nada ao qual se remete o gozo feminino na direção do gozo Outro é um nada prenhe de possibilidades, ainda que esse gozo seja marcado pela paradoxalidade da satisfação a ele referida, dado que não oferece garantia alguma ao sujeito. Mais do que isso, esse gozo Outro o acomete malgrado ele, a despeito das determinações de sua vontade consciente, já que esse gozo não é metrizável. Porém, não sem o consentimento do desejo inconsciente que, se entregando a uma certa dessubjetivação, cede às forças obscuras ou luminosas da matriz pulsional da qual tudo se origina. Gozo, portanto, afeito à pulsão de morte, porém não entendida meramente como destruição, mas como princípio de tudo, sulco que marca o trilhamento próprio do ciclo da vida numa conexão com o ilimitado que, por isso mesmo, favorece uma certa relação tanto mística, quanto artística, por sua articulação com a criação. Por isso, dele se pode

O FEMININO COMO EXCESSO, "EX-SEXO"

extrair uma experiência de êxtase jubilatório. É aí que esse gozo comparece como gozo a mais. Ou gozo *encore... en corps*, em corpo, ultrapassando o sujeito.

Porém, o absoluto ao qual o gozo feminino fica remetido na experiência intrusiva e não consentida do gozo do Outro traz, por consequência, algo bem diferente de uma experiência jubilatória. Traz uma vivência de devastação. Nela, o peso real da alteridade radical comparece sem dar espaço à criação, num remetimento ao aniquilamento subjetivo. Tal alteridade é evidenciada quando esse gozo, invadindo o corpo na experiência do surto psicótico, revela o quanto o sujeito encontra-se alijado do próprio corpo. Aqui, o gozo *en corps*, gozo no corpo, não ultrapassa o sujeito, mas o aniquila, fazendo dele uma marionete do Outro experimentado como absoluto, sem falta e sem mediação possível.

Não à toa muitos surtos psicóticos se manifestam como alucinações que se referem a experiências intrusivas no corpo, experiências que alteram a percepção do corpo e as sensações a ele correlatas. *Estão me catucando! Me olho no espelho e não vejo nada! Estão falando no meu ouvido, dentro da minha cabeça! Estão me emasculando! Estão me mandando fazer coisas!...* Eis algumas das experiências intrusivas relatadas por esses sujeitos. Nelas, o de que se trata é que o sujeito aniquilado como objeto decaído, sem a dignidade de objeto causa de desejo, é submetido a ser gozado pela dimensão terrível do Outro absoluto. Trata-se aí da intrusão de um real inumano e o corpo se faz palco para as manifestações dessa alteridade radical.

Outras experiências de devastação, às vezes menos estruturais e mais pontuais, podem incidir trazendo a irrupção do gozo feminino como gozo do Outro, em situações traumáticas de destituição fálica abrupta frente às quais o sujeito aniquilado

REVIRAMENTOS DO FEMININO

tomba como rebotalho, objeto decaído, entregue à invasão do gozo alheio. Experiências drásticas de relações passionais, seja no âmbito amoroso, familiar, ou mesmo social, também podem favorecer a irrupção de um apassivamento mal-vindo, em que a irrupção do feminino se apresenta como Gozo do Outro. Um exemplo disso é o que pode culminar com o feminicídio, sendo possível comparecer como uma formação reativa à desfalicição traumática de um sujeito na posição masculina, decorrente da perda do objeto amoroso. Ao horror do apassivamento diante da perda, que promove um *empuxo-ao-feminino*, impõe-se a atuação da perda. À feminização decorrente da perda da posição imaginária de possessão fálica o sujeito decaído como objeto reage aniquilando o objeto. Numa operação que muitas vezes põe em jogo não apenas a aniquilação da parceira, mas a própria aniquilação de si mesmo. Questão que foi desenvolvida no livro *A saga do feminino na mulher: a misoginia à luz da psicanálise*[33].

Na dinâmica do relacionamento amoroso e sexual, muitas são as possibilidades de circulação, posicionamento e escolhas de objeto. Há um jogo intrincado tanto no que diz respeito aos processos identificatórios, via pela qual os sujeitos buscam se afirmar, quanto às posições afetivas que servem de esteio para as escolhas dos mais variados objetos de investimentos libidinais.

Meu passo seguinte será tentar lançar alguma luz sobre a dinâmica intrincada que comparece nos jogos amorosos e sexuais, contemplando também a problemática colocada pelo que se destaca como dimensão imaginária e dimensão simbólica do amor, tomando em consideração o chamado "dom ativo do amor".

---

[33] MAURANO, Denise; SOUZA, Joana Dark. *A saga do feminino na mulher: a misoginia à luz da psicanálise*. Rio de Janeiro: 7 letras, 2023.

O FEMININO COMO EXCESSO, "EX-SEXO"

5. Incidências simbólicas e imaginárias entre o jogo amoroso e o jogo sexual

É bem verdade que falamos de amor o tempo todo. A própria invenção da psicanálise se articula às queixas do mal de amor. Fica como se coubesse ao amor a missão impossível de fazer existir a relação sexual, no sentido de fazer existir uma complementariedade perfeita, impossível no campo sexual, no campo da secção, da diferença. É como se coubesse ao amor a transposição do muro entre um e outro, de modo a de dois fazer um, como já mencionei anteriormente. É nesse sentido que o amor vem em suplência à inexistência da relação entre os sexos, pretende-se *"a-muro", não muro*, transposição do muro, conforme adverte Lacan.

Porém, o campo do amor é vastíssimo, agrega inúmeras modalidades, diferentes narrativas e variadas possibilidades de abordagem, tal como as discorridas desde *O Banquete*, de Platão, que se ocupa da tarefa de promover elogios ao amor. É evidente que a discussão decorrente desses elogios não passou desapercebida nem a Freud nem a Lacan. E cada um parece ter focalizado, a seu modo, o que está em jogo no amor.

Voltando às categorias de Simbólico e Imaginário, podemos dizer que Freud, em *Sobre o narcisismo, uma introdução*, de 1914, nos apresenta prioritariamente a dimensão imaginária do amor. Porém, sobretudo quando trabalha acerca do amor na transferência, no que tange a seu manejo por parte do analista,

REVIRAMENTOS DO FEMININO

indica a este último uma posição amorosa que não tem um caráter imaginário, mas simbólico.

Na dimensão imaginária do amor, o investimento no objeto não é senão falseado, dado que o objeto escolhido comparece na verdade como espelho do sujeito, reflexo do seu eu-ideal infantil, composto pela suposição das projeções do Outro ao qual o sujeito está referido. Este amor caracterizaria o chamado "amor-ilusão" ou "amor-engano"[34]. Ele é tão lábil quanto as variações de imagens produzidas a partir das inclinações que o espelho do olhar do Outro promove. Trata-se da tentativa de capturar o outro em si mesmo como objeto. Essa modalidade amorosa encanta pela promoção da anulação das diferenças, pela promessa de completude e pela cegueira benfazeja. E por isso mesmo é temerária, afinal, quanto mais alta a escalada no campo dos ideais imaginários, maior o tombo. Porém, certamente essa não é a única possibilidade de amor. A perspectiva simbólica do amor, já anunciada por Freud ao alertar o analista diante do investimento do amor paixão no âmbito da transferência, nos convoca a pensar sobre a particularidade do amor que está implicado no desejo do analista, ou seja, no que faz com que um analista funcione como analista[35].

Nesse sentido, as contribuições de Lacan são inestimáveis ao destacar a função do amor simbólico, esse que não estaria restrito ao regime do "toma lá, dá cá", ou da especularidade. Dado que ultrapassando o que se visa no objeto amado em sua especificidade enquanto aparência, na dimensão simbólica o amor se

---

[34] LACAN, Jacques. *O seminário, livro 1: Os escritos técnicos de Freud*. Trad. Betty Milan. Rio de Janeiro: Zahar, 1986, p. 133-134.

[35] MAURANO, Denise. "O amor que interessa ao desejo do analista". In *A transferência*. Col. Passo-a-Passo em Psicanálise. Rio de Janeiro: Zahar, 2006.

O FEMININO COMO EXCESSO, "EX-SEXO"

dirige ao "ser do objeto", sua alteridade. O que se espera dele não é a reflexão da sua própria imagem. Não é o espelhamento de si, mas o que se encontra mais além. Eu diria que é a celebração da atividade de amar, na qual a tônica está mais no amar do que no ser amado. Lacan utiliza o termo "dom ativo do amor" para indicar o que pode ser amado para além do que se é enquanto objeto imaginário preso no espelho do olhar do Outro. O dom, como aquilo que é concedido no amor, não corresponde a um objeto intercambiável, um objeto por outro — no sentido de "o que eu dou, eu quero de volta" —, mas a algo que se entrega de si, nessa dimensão simbólica do amor. Mal comparando, se trataria, por exemplo, da entrega consentida de uma mãe que, ao oferecer seu leite, oferece junto seu ser, amamentando de certa forma não apenas seu filho, mas o porvir da humanidade.

Na lógica do dom que opera no amor simbólico, se coloca uma transmissão marcada por um descentramento de si numa certa dimensão, diríamos, dessubjetivante. O Outro que está implicado na lógica do dom, longe de ser um semelhante com o qual o sujeito vai intercambiar, é o indicador de um vazio que se encontra inelutavelmente entre o sujeito e o objeto, razão pela qual o mundo simbólico foi erigido. Esse Outro é um Outro "sabidamente" faltoso, e é no espaço dessa falta que o "espírito" das trocas se dá. É nesse sentido que o que é oferecido é marcado pela falta. Oferece-se sua própria falta, mas na dimensão da fecundidade do que se pode fazer com ela. Nessa perspectiva da lógica do dom, é esperado que o amor na transferência possa fazer esse trajeto do Imaginário ao Simbólico, para tocar esse ponto Real da fecundidade da falta que fundamenta nossa própria humanidade[36].

---

[36] LACAN, Jacques. *O seminário, livro 1: Os escritos técnicos de Freud*. Trad. Betty Milan. Rio de Janeiro: Zahar, 1986, p. 263.

REVIRAMENTOS DO FEMININO

Lacan retira essa ideia do dom, da dádiva, de Marcel Mauss que, em seu longo *Ensaio sobre a dádiva*[37], busca refletir sobre os princípios da organização e da lógica econômica e social das sociedades de reciprocidade. Diferentemente da troca, na qual há um intercâmbio de uma coisa pela outra, na dádiva há a existência de algo, dentro da coisa dada, que promoveria como que um vínculo de almas, algo a que Mauss dá o nome polinésio de *mana,* uma integridade espiritual, algo que estaria no fundamento do humano e que daria razão ao universo. Nesse sentido, a dádiva incita sua recepção e também a retribuição. Não por um dever, mas por promover um circuito. Algo que não foca a troca utilitarista entre indivíduos, mas a circulação de algo que é basilar no sentido do coletivo. Nessa perspectiva, o material e o espiritual estão intrinsecamente embricados, mistura-se as almas nas coisas. Portanto, a coisa dada carrega algo do seu doador. As pessoas se dão ao dar. E se dão porque se devem como partícipes do humano. A economia presente nessa lógica parece bem mais próxima ao que se chama de "economia solidária".

Aqui, não se retribui a dádiva ao interesse do primeiro doador. Como disse acima, não se trata de troca no sentido do "toma lá, dá cá". O tríplice valor dar, receber e retribuir coloca o princípio da reciprocidade como matriz das relações e das civilizações humanas. Pode-se pensar que, nessa perspectiva, o ideal desloca-se da intenção amorosa que busca imaginariamente a confirmação do eu ideal, pautado pelo narcisismo infantil, para uma visada na qual o ideal do eu opera numa dimensão simbólica, norteando o sujeito quanto a sua função na partilha de nossa própria humanidade.

---

[37] MAUSS, Marcel. *Ensaio sobre a dádiva*. Rio de Janeiro: Edições 70, 1950.

O FEMININO COMO EXCESSO, "EX-SEXO"

Outro viés pelo qual essa lógica do dom pode ser vislumbrada é o que pode ser depreendido do modo pelo qual Lacan aborda o discurso de Sócrates no *Banquete*, de Platão[38], no qual, segundo o relato do autor, os convivas se prestam a fazer elogios ao amor. Sócrates diz nada saber do amor, a não ser o que lhe disse uma mulher, Diotima, a sacerdotisa de Mantinea. Cabe ressaltar que é a partir desse lugar cedido ao feminino, que se encarna nessa estrangeira, que Sócrates parte para situar o amor. A abordagem luminosa que Lacan faz desse discurso revela que a ética que orienta o trabalho do psicanalista é inspirada por uma estética, ou seja, uma sensibilidade particular. O que significa que o amor que interessa ao desejo do psicanalista tem uma particular relação com a beleza.

Diotima adverte que aconteceu com o amor o mesmo equívoco que ocorreu com a *poiesis*. *Poiesis* referia-se, originalmente, à ação de fazer, de produzir, fazendo-se causa da passagem do "que quer que seja do não ser ao ser"[39], ao passo que ficou reduzida ao sentido de fazer verso ou música. Já o amor, foi reduzido à operação de "de dois, fazer um". Ela argumenta, porém, que o amor se refere à produção da beleza, seja pelo corpo, seja pela alma. Ela explica que chega uma certa altura na vida em que somos impelidos à produção, e a proximidade do belo incita a produção. O belo provoca a expansão, o engendramento. Nos lembra que, junto ao belo, o ser fecundante "se dilata, engendra e produz"[40]. A beleza não é o objetivo do amor, mas é o meio pelo qual o ser humano, podendo acolher sua falta, faz-se criador, porque cria a partir mesmo dessa falta.

---

[38] PLATÃO. "El banquete". In *Diálogos*. Buenos Aires: Espasa, 1949, p. 139-140.
[39] *Idem*, p. 139
[40] *Idem*, p. 140.

REVIRAMENTOS DO FEMININO

A relação entre o amor e o belo de que aqui se trata focaliza o amor não propriamente numa relação com o "ter", mas com o "ser". Ser em falta, ser falho, mortal. É aí que o belo entra, ganha a função de inspirar expansão, criação, fazendo o mortal participar daquilo que é da ordem do eterno. O belo se coloca como a condução, o meio de transporte do mortal à imortalidade por ele inspirada e, desse modo, funciona como um véu, uma barreira frente à morte[41]. Com isso, faculta a impossível comunicação com o que é da ordem do divino.

O belo que aqui interessa, que se presta ao que incita a criação, ou o que incita o "Criador" em nós, não é a qualidade do bonito que um objeto pode encerrar por suas características intrínsecas. Aqui, estamos bem longe disso. Para tentar explicar melhor isso, ainda recorrendo à filosofia, vou me inspirar numa definição que aparece no texto *Analítica do Belo*, de Kant[42]. Para o filósofo, o belo é o que sem conceito, sem racionalidade, agrada universalmente e impõe uma satisfação necessária. No belo, reúnem-se simultaneamente a universalidade de uma forma e o que ela tem de mais particular. Nele, a forma da finalidade de um objeto é percebida sem a representação de um fim. Ele é o que ele é. Algo na forma fala por si. Contrariamente a isso, se existe um ideal, ele se apoia numa noção abstrata, o que se opõe às definições anteriores.

Para Kant, no entanto, a única abordagem do belo como ideal que não se afasta da experiência, e não cai na racionalidade, é o modelo de beleza apreendido na espécie — por exemplo, a

---

[41] LACAN, Jacques. *O Seminário, livro 8: A transferência*. Trad. Dulce Duque Estada. Rio de Janeiro: Zahar, 1992, p. 130.

[42] KANT, Immanuel. "Analítica do Belo". In *Textos selecionados* [Coleção Os Pensadores]. São Paulo: Abril Cultural, 1980.

O FEMININO COMO EXCESSO, "EX-SEXO"

forma humana. De modo que, na comparação entre mil exemplares de uma mesma espécie, apresenta-se não um modelo de beleza daquela espécie, mas a condição indispensável de toda beleza. Dessa forma, o belo não se encontra em um objeto, um exemplar da espécie por suas qualidades próprias, mas em sua capacidade de indicar toda a sua espécie pelo que ele deixa ver através de si. Ou seja, trata-se de podermos ver nele, bem além do objeto que ele é, todo um universo ao qual ele nos remete. Eis aí o belo como meio de transporte. Não será essa a função do analista quando, na dinâmica da transferência, oferece-se como objeto que, enquanto furado, faz-se meio de transporte para que o sujeito analisante possa participar do dom ativo do amor? Deslocar-se da demanda cega de ser amado para a celebração da atividade de amar, via por onde o amor, ao modo do que disse Diotima, comparece como meio de transporte "do que quer que seja do não ser ao ser"? Onde o ser está aqui implicado como um ato de criação?

O belo, como disse acima, é proposto por Lacan como o último véu frente à morte, ao não-ser e, portanto, "torna possível o máximo de proximidade em relação à morte e, ao mesmo tempo, enquanto véu, deixa ver o que esconde, porém opera de modo a extrair seu lado exultante"[43].

Pode-se ver aqui o ponto no qual a pressão do não-ser — o que aqui desenvolvemos como relativo ao feminino —, longe de fazer menção ao repúdio ou ao traumático, coloca-se como canal de abertura para disponibilizar um acesso à vida mais amplo, mais universal. Via por onde o horror do vazio — que

---

[43] MAURANO, Denise. *Elementos da clínica psicanalítica, vol. 2: As implicações do amor*. Rio de Janeiro: Contra Capa, 2001, p. 182.

REVIRAMENTOS DO FEMININO

no psiquismo é processado como horror à falta e encontra na morte sua expressão mais radical — pode transfigurar-se pelo enfoque fecundante da beleza que opera nesse amor o dom ativo que inspira o desejo do analista, trazendo a possibilidade de que algo possa ser feito com esse vazio que faz sofrer o sujeito encarcerado no Um.

Creio que podemos entrever nessa dimensão simbólica do amor, em perspectiva, um mais além do sexual, no sentido de um certo ultrapassamento do objeto, na medida em que o objeto, em sua relação com o belo, vale não por consistir, mas por deixar ver através dele o que se encontra mais além, vetorizado no que aqui tentamos indicar como o campo do feminino. A dimensão imaginária do amor, por sua vez, faz o caminho inverso. O amor imaginário busca colar no objeto. Fazê-lo consistir. Aqui os achados de Freud são preciosos.

Em sua análise acerca do narcisismo, Freud ressalta dois tipos de escolhas de objeto no campo amoroso: a de tipo narcísico e a de tipo anaclítico. A escolha de tipo narcísico acontece quando o que se ama é a si mesmo, ou o que se foi, ou o que se gostaria de ser, ou ainda alguém que foi parte de si mesmo. Aquela de tipo anaclítico se refere ao amor pela mulher que alimenta ou pelo homem que protege.

A satisfação advinda dessas orientações amorosas é marcada pela parcialidade. Ou seja, o mote do amor como solução ao desamparo estrutural da condição humana resolve apenas parcialmente o problema, mas fica como lugar da promessa de que se fará Um com o Outro. A Coisa, que supomos que traria uma solução definitiva, é justamente o que foi perdido na inauguração da atividade psíquica, fazendo do desejo de buscá-la a própria razão de ser do psiquismo. Tal Coisa, entretanto, é impossível de ser encontrada. Entre os objetos (*a*) que

O FEMININO COMO EXCESSO, "EX-SEXO"

encontramos em seu lugar e a Coisa pretendida há sempre um hiato que pode ser vivido como mote de frustração, causa de castração ou evidência de privação. Frente ao vazio instaurado pela impossibilidade de acessar a Coisa que, se encontrada, calaria o desejo, acionamos a operatividade da falta. Afinal, com o vazio não há nada a fazer, mas, com a falta, se pode operar.

Nessa perspectiva, que é a psicanalítica, a falta do objeto deixa de ser uma contingência da vida malfadada de um ou outro, para ser abordada como inerente à nossa condição desejante. Tornamo-nos buscadores incansáveis, na melhor das hipóteses. Tal falta subjetiva, isso que justifica que para Lacan o sujeito seja grafado como $ barrado, encontrará como correspondente o que ele nomeia como "objeto". O objeto (a) indicará esse resto que não deixa que a conta da divisão subjetiva se feche e que se buscará resgatar via fantasia. O que confere à fantasia a função de ser veste para o sujeito. Daí a fórmula proposta para a fantasia ser $\lozenge a$. Ou seja, enquanto sujeitos, somos assujeitados a essa extração de objeto que é nossa marca de origem e nossa possibilidade, sempre virtual, de ser. Nesse sentido, o objeto nos precede enquanto causa de nosso advir subjetivo.

Segundo essa perspectiva, a vida pulsional, com a imposição de satisfação constante, vai investir tanto os orifícios por onde o Outro pode entrar, quanto os apêndices do corpo, marcando tanto um imperativo de comunicação como os seus limites. No amor se espera que o parceiro amoroso nos restaure o objeto. Restaure essa parte perdida no corpo marcado como sexuado e desejante e promova o "retorno" ao Um. É o que comparece na formulação lacaniana do amor como vindo em suplência à ausência da relação entre os sexos. Mas aí estamos no que foi caracterizado como dimensão imaginária do amor.

REVIRAMENTOS DO FEMININO

Como já foi mencionado, no campo sexual, na fantasia que sustenta o desejo masculino num endereçamento ao feminino, a mulher vem ocupar a posição de objeto *a* para completar o que falta ao sujeito. Nesse caso, a mulher entra como objeto de fetiche. Eis um modo de recuperar o falo, a completude, a potência perdida (e na verdade nunca tida) na mãe, e assim escapar à castração, modo de dizer dessa falta inexorável ao humano.

Em resposta a isso, na dinâmica amorosa, a mulher, ou o sujeito na posição sexual feminina, faz semblante, faz de conta que é o *phallus*. O amor é a ela dirigido na medida em que o significante do *phallus* a determina como sendo o que ela não é (o *phallus*), mas faz de conta que é. Porém, desse modo, ela resigna uma bela parcela do que nela é não todo *phallus*, ou seja, do que nela se dirige efetivamente ao feminino. É pelo que ela não é (*phallus*) que ela espera ser desejada, amada. Eis aí uma das dimensões do impasse da vida amorosa feminina.

O trabalho de montagem da *girl phallus*, com todos os adereços, apêndices, composições que lhe são demandados, ainda que seja muito bem-sucedido — no sentido de capturar o desejo do parceiro —, carrega consigo uma suspeição de legitimidade. Será que sou efetivamente amada pelo que sou? Ou ele ama em mim o que não sou? Um desfiladeiro de provas de amor é acionado na tarefa impossível de provar o "improvável".

Já a mulher numa posição sexual feminina busca no homem o *phallus*, ou o que nele traz essa insígnia. O que se indica com o que foi formulado por Freud como inveja do pênis é a estratégia feminina de localizar o significante do seu desejo, desejo de potência, de plenitude, no corpo do amado. Via por onde ela busca, no parceiro, sua restituição fálica.

Assim, já que somos todos castrados e siderados pelo *phallus*, temos aí duas fórmulas para abordá-lo via o amor. A fantasia

O FEMININO COMO EXCESSO, "EX-SEXO"

masculina na parceria amorosa/sexual buscando ter o *phallus* e a feminina buscando ser o *phallus*.

A mulher — ou o sujeito na posição feminina — comparece num certo jogo amoroso como sintoma do homem, ou do sujeito na posição masculina. E é a linguagem que instrumentaliza o sujeito, enquanto sujeito dividido ($) para gozar do corpo através do sintoma, que tem no Eu seu principal distintivo. Afinal o Eu é o principal sintoma do sujeito. Assim, a mulher feita *phallus*, montada como *phallus*, coloca-se para o homem como o *phallus* que ele "teria". E ai dela se deixar de sê-lo! Pode vir a ser alvo de todas as injúrias, fonte de devastação para o masculino. O que aqui destaco é que o endereçamento à mulher localiza, para o homem, aquele que se caracteriza por uma posição masculina, o seu gozo fálico.

A vida e a literatura são campos vastos de exemplos disso. O que se passa na peça *Hamlet*, de Shakespeare, na relação deste com sua amada Ofélia é exemplar nesse sentido. Tendo se dado conta que a mulher pode se deslocar da condição de objeto e vir a se apresentar como sujeito desejante, portanto, frente ao risco de perder Ofélia como objeto fálico assegurador de sua virilidade, ele se insurge contra ela depreciando-a o mais que pode, tentando aniquilá-la. Questão que trabalho no "Segundo ato" de meu livro *Elementos da Clínica Psicanalítica, vol. 2 — As implicações do amor.*[44]

Sob prisma da mulher, ou do sujeito orientado pela posição feminina, junto com a dinâmica sexual incide algo que não é do sexual, porque o gozo fálico conta, mas não absolutamente para esse sujeito feminino. Diante da hipótese da "ex-sistência" de um gozo que é não fálico, que está fora do campo sexual,

---

[44]MAURANO, Denise. *Elementos da clínica psicanalítica, vol. 2: As implicações do amor.* Rio de Janeiro: Contra Capa, 2001.

REVIRAMENTOS DO FEMININO

evidencia-se que há um gozo que não se inscreve todo na função fálica. Um gozo que a transcende, gozo dito suplementar, a mais, como já observei.

Como se na perspectiva imaginária do aprisionamento relativo à sideração fálica, que imanta a dinâmica masculina, se constituísse um campo minado pela disputa da posse do *phallus* e da ameaça de perdê-lo, e nesse jogo se estabelecesse a ilusão de uma posição falaciosamente privilegiada frente ao sujeito feminino. Porém, como desde a posição feminina o sujeito não está de todo tomado pela falácia fálica, esse a menos de *phallus*, ou a assunção de uma privação como uma operação real, faculta o acesso a um gozo a mais, gozo Outro que transcende a função fálica e que abre o canal para um ilimitado que tanto pode trazer júbilo, quanto devastação.

Assim, a mulher, ou o sujeito na posição feminina, passa pelo jogo significante e pelo universo das insígnias fálicas, inclusive se emprestando como objeto e se fazendo de *phallus* no jogo sexual. Mas isso não a toma de maneira absoluta. Advertida quanto à limitação fálica, ela vislumbra mais além, é também invocada pelo gozo feminino, ou seja, experimenta o empuxo a um gozo Outro. Empuxo esse que, a nosso ver, não se refere apenas ao que se passa nas psicoses, mas que participa das experiências marcadas pela intervenção da insuficiência fálica.

A incidência do feminino faz pressupor um outro modo de gozar, uma lógica outra para operar com os modos de satisfação. Vocacionado ao ilimitado, ao que não é alcançável pelos significantes, dado que não há um significante que represente e delimite o feminino. Uma vez que não há essa delimitação, o sujeito feminino é invocado a lidar com o ilimitado no campo do amor tanto pela via do júbilo, quanto pela via da devastação. Na falta de um significante que faça contorno a esse gozo, o

O FEMININO COMO EXCESSO, "EX-SEXO"

parceiro sexual também pode funcionar como elemento desencadeador da devastação.

Na trilha do que já foi comentado anteriormente, pode-se dizer que quando uma mulher ama a partir da posição feminina, não é ao objeto que se dirige seu amor, mas é ao que o transcende, um deus que ela ama através dele. É nesse sentido que ela é sempre infiel, ou seja, aquele a quem ela ama transcende o limite do objeto escolhido. Ela ama esse Outro para além dele mesmo. Ele jamais está à altura desse Outro.

Podemos ver isso se evidenciar via o imperativo feminino de copular com os significantes. Não basta o ato, é preciso confissões de amor ao pé da orelha. Ela copula com o que ela escuta do parceiro amoroso. Copula com seu discurso, o discurso do Outro, copula com o Outro para além do "outrinho" que ali se encontra. É por essa estratégia que ela tenta captar o que ela é. Na ausência de representação do feminino, dada sua "indelimitação", sua infinitude, ela busca encontrar um contorno ao real da privação do seu ser que, pelo discurso, ganha todas as possibilidades. É aí que aquilo que se apresenta como privação por um lado torna-se ampliação por outro.

É no campo do discurso amoroso que ela pode consentir em ser objeto, objeto *a*, causa de desejo para o parceiro. Por esse viés, fazer-se objeto é via de celebração. É entrega consentida, descanso de si mesma, em absoluta confiança. Se assim não for, essa experiência revira-se como devastação. Até porque essa entrega é uma operação de risco.

Desse modo, o jogo fálico sexual para o sujeito que se encontra na posição feminina é uma estratégia para, ao fazer-se *phallus*, capturar o desejo na fantasia fetichista masculina, localizando para ele seu gozo. Fazer semblante de *phallus*, fazer de conta que se é o que não se pode ser — até porque ninguém

REVIRAMENTOS DO FEMININO

é *phallus* —, torna-se artifício de sustentação da feminilidade. Ou seja, a feminilidade se refere, portanto, a essa montagem que o sujeito na posição feminina faz de si mesmo para captar o desejo do outro.

Nesse sentido, a feminilidade apresenta-se como mascarada, termo proposto pela psicanalista inglesa Joan Riviere, num artigo de 1929 mencionado por Lacan no seminário 5, *As formações do inconsciente*. A expressão é usada para configurar os impasses que se colocam entre os apelos advindos da sideração fálica no jogo sexual e a presença do que, no sujeito feminino, excede a tais apelos. Nele, uma máscara de insígnias que compõem o que se toma por feminilidade ao mesmo tempo encobre e revela uma aspiração fálica, masculina.

De modo que o sucesso de uma mulher enquanto mascarada, *girl phallus* para usar a terminologia freudiana, pode também se pronunciar como experiência de frustração em relação à experiência do feminino. Ou seja, a coquete, que com todos os seus artifícios, caras, bocas, maquiagens, próteses diversas, num esforço de composição fálica para fisgar o outro masculino, inclusive o que vigora nela mesma (já que, em princípio, somos todos bissexuais), pode se ressentir de apartar-se do acolhimento do que nela tende ao feminino. O feminino nela a invoca a um gozo que não é da afirmação de si, mas da entrega e da possibilidade de rejubilar-se com isso.

É interessante que se perceba que essa dimensão da feminilidade como mascarada pode ser abordada como uma função defensiva por parte do sujeito feminino. Muitas vezes, em situação de sucesso intelectual e profissional, para se proteger da misoginia masculina, caricaturam a feminilidade de modo a evitar despertar a desconfiança e vingança por parte do masculino. Aliás, por essa via a feminilidade foi bastante criticada pelas feministas como reflexo de um feminismo não assumido,

O FEMININO COMO EXCESSO, "EX-SEXO"

como se a feminilidade devesse ser algo a ser superado na direção do sujeito apropriar-se de si mesmo. O que é certo é que tanto a feminilidade quanto a masculinidade se compõem como atributos de um sujeito que configura seu posicionamento subjetivo operando uma montagem de si mesmo com a qual vai atuar na relação com o outro.

Entretanto, creio que a feminilidade como mascarada deve ser pensada em sua dualidade. Ou seja, enquanto estratégia de captura fálica, véu encobridor que, ao mesmo tempo, vela e revela o que encobre. De forma que o procedimento do artifício remete, em última instância, à dimensão na qual o feminino, enquanto tal, refere-se ao que não poderia ser abordado senão por seus revestimentos no campo da representação, embora ele possa revelar-se de maneira mais direta pela via do gozo que lhe é próprio, como indicamos anteriormente.

É bom que se tenha claro que o gozo sexual que orbita em torno do paradigma fálico e o gozo feminino não são gozos nem excludentes, nem complementares, mas sim vias paradoxais de satisfação pulsional que vetorizam modos de orientação na vida.

O homem, propriamente, não é meio de gozo para a mulher. Mas a mulher, enquanto sintoma do homem — via por onde, ele tenta se confirmar falicamente — é meio de gozo para o homem. Percebe-se, portanto, que não há equivalência entre os sexos. Aquilo de que um e outro gozam não é a mesma coisa. Não há correspondência biunívoca entre o sujeito na posição feminina e o sujeito na posição masculina. O que Lacan traduz no repetido aforisma: "A relação sexual não existe". Não há complementariedade sexual. Na via sexual, cada um orbita o campo fálico à sua maneira. O falo promove o desencontro. Daí o amor vir tentar aparar as arestas, tentar suprir o que falta, tentar trazer a completude que não se tem. E mais

REVIRAMENTOS DO FEMININO

ainda: indicar com seus diversos desdobramentos que o campo sexuado é insuficiente para cernir toda a experiência de existir. Há algo que excede esse campo. O sujeito advertido quanto a essa limitação, o sujeito não todo tomado pelo campo fálico sexual, tem seu acesso facultado ao que aqui tento indicar como feminino, acenando à experiência de um gozo a mais, suplementar ao sexual, podendo até encontrar nesse último um trampolim para transcendê-lo. Quanto a isso, porém, não se pode estabelecer generalizações.

Contudo, malgrado todas as impossibilidades, o campo sexual é pleno de negociações e parcerias que se estabelecem na via do gozo. Tais parcerias podem se dar de inúmeras maneiras, das mais sutis e dóceis, às mais atrozes e nefastas para a experiência subjetiva. Mas é bem verdade que o verdadeiro parceiro sexual de cada sujeito singular é a maneira própria como ele goza. O que não impede que coadjuvantes possam ser convocados para compor essa cena. Daí o comparecimento do jogo: bater e ser batido, exibir-se e ser visto, amar e ser amado...

Nesta perspectiva, que é sexual, comparece a posição sintomática do sujeito enquanto o que o designa não propriamente no jogo significante, mas nas suas práticas de gozo. A definição de sintoma, tal como proposta por Freud no texto de 1926, "Inibição, sintoma e angústia", apresenta-o como um sintoma como um sinal e um substituto de uma satisfação pulsional que não se realizou, sendo, dessa forma, o resultado do recalcamento dessa satisfação. Esta satisfação, que não pode ser realizada, vivida como inconciliável, fixa-se e insiste no sintoma de modo reiterante, trazendo ao sujeito uma satisfação de natureza paradoxal. Aliás, é desse modo que o sintoma passa a ser o eixo central da vida sexual do sujeito prestando-lhe, simultaneamente, um serviço e um desserviço. Presta-se

O FEMININO COMO EXCESSO, "EX-SEXO"

a formar um compromisso entre o que deve permanecer recalcado e o que deve ganhar expressão. Também é assim que o sintoma se torna um patrimônio do sujeito do qual não é nada fácil se desapegar. Não à toa se diz mesmo que o Eu, o *Ich* que os americanos popularizaram como *Ego*, é o maior sintoma do sujeito. Daí, embora o sujeito não se resuma ao seu Eu, como desapegar-se dele, já que ele é como seu cartão de visitas, ou seja, o apresenta?

Se isso vale para uma pletora de sintomas tais como medo, ansiedade, fobias, compulsões, comportamentos obsessivos, depressão, entre outros, vale também para o modo sintomático com o qual escolhemos nossos parceiros sexuais ao gosto de nossos modos de gozo. Tais parcerias sintomáticas, por mais que façam sofrer o sujeito, são difíceis de serem desfeitas e, quando o são, não raro o sujeito muda de objeto, ou seja, troca de parceiro, mas não de sua posição de gozo, repetindo a experiência em uma sucessão de relações, ainda que esta posição lhe custe caro, pagando às vezes com a própria vida. Transbordando sua presença na vida cotidiana, as delegacias policiais e as varas de família estão lotadas de processos cujo fundamento último é a manutenção de laços gozosos pela via do litígio que vem a público.

Não à toa o campo do Direito, às voltas com essas questões, tem recorrido ao campo psi, mais especificamente à psicanálise, dado que na esfera da positividade das decisões que demandam objetividade, a subjetividade é escancarada, revelando o contrassenso de se querer objetivar o subjetivo. A complexidade humana exige que os impasses a ela relativos sejam analisados e encaminhados tomando-se em consideração a transdisciplinaridade que, longe de se pretender um saber total que reuniria todos os outros, trabalha na direção de como cada campo, em

REVIRAMENTOS DO FEMININO

sua especificidade, pode trazer elementos para fecundar outros campos, promovendo soluções singulares na dinâmica da abordagem de cada caso, cada situação específica.

A questão que se coloca é que a impossibilidade de um saber total que detenha a errância humana revela que há sempre um gozo que escoa e não se deixa capturar completamente por qualquer saber que seja. Isso, entretanto, não impede de nos aproximarmos dos impasses do gozo de modo a tentar abordá-lo pelos recursos que temos, advindos de múltiplos campos, não para resolver a questão — tarefa aliás impossível —, mas para contorná-la.

Desdobramentos éticos, estéticos e políticos

1. Por uma ética do feminino

Sobre o horror à diferença, nós, psicanalistas, temos certamente muito a dizer. Esse é o nosso feijão com arroz. Nosso psiquismo se constitui excluindo a alteridade, ainda que a alteridade esteja em seu cerne. Afinal, ninguém se autoproduz. O neologismo lacaniano "extimidade" bem denota o caráter exterior do que nos é mais íntimo. Porém, ainda assim, reconhecê-lo exige um longo e sofisticado trajeto. Mesmo na observação mais rasa, não é difícil constatarmos o quanto somos capturados pelo mesmo, pelo igual. Seja nos nossos hábitos, seja nas nossas relações. O caminho em direção à alteridade não é curto nem fácil. Costumo dizer que a vida é revolucionária, mas o psiquismo, em sua dimensão subjetiva,

REVIRAMENTOS DO FEMININO

é reacionário. Quer trilhar sempre os mesmos caminhos facilitados. Uma explicação para isso pode ser depreendida do texto "Pulsões e seus destinos"[1]. Nele, Freud faz um interessante paralelo entre as três polaridades que regem a constituição da vida psíquica e as três antíteses presentes na vida amorosa. Na primeira, chamada "polaridade real", pautada pela oposição sujeito (eu) X objeto (não-eu; mundo externo), a alteridade é indiferente. Para o "serzinho" nascente, o mundo é indiferente, ele está sobremaneira tomado por suas pulsões. O que conta é só aquilo com o que ele se encontra confundido. Não há reconhecimento da diferença. Por isso, Freud diz que a relação nesse nível é *anobjetal*, sem objeto. Assim, fundido ao "cuidante", nada mais importa.

A segunda, é a "polaridade econômica": prazer X desprazer. Nesta, é dado um passinho em direção ao mundo e à diferença. Isso, porém, acontece apenas na medida em que a alteridade traz prazer. O que traz prazer, eu reconheço e tomo como parte de mim, incorporo, agrego a mim. O que traz desprazer, eu repudio.

Só num terceiro tempo, na polaridade chamada curiosamente de "biológica", é que o efetivo reconhecimento da diferença ganha significação psicológica. A designação de "biológico", nesse nível, vem da utilização metafórica da constatação da diferença dos sexos no plano biológico, justamente para abordar uma diferença que, psiquicamente não diz nada *a priori*, é impossível de ser cernida. Assim, para nomear a diferença sexual no plano psíquico, Freud lançou

---

[1] FREUD, Sigmund. (1915) "Pulsiones y destinos de pulsiones". In FREUD, Sigmund. *Obras Completas, v. 14*. Buenos Aires: Amorrortu Ed. 1988.

DESDOBRAMENTOS ÉTICOS, ESTÉTICOS E POLÍTICOS

mão de distinguir posições. A antítese aqui é: atividade X passividade. A atividade foi metaforizada como relativa à posição masculina e a passividade como relativa à posição feminina, salientando, entretanto, que nada disso funciona de maneira total e exclusiva.

Se no plano biológico é relativamente fácil distinguir os sexos, no plano psíquico tal distinção resta como uma construção que demanda um montante de trabalho psíquico nada desprezível e que não guarda nenhuma correspondência necessária com o plano biológico. O trabalho de identificar-se, reconhecer-se numa certa posição na divisão dos sexos, e de fazer escolhas de objeto, de parcerias amorosas, resta como uma operação que faz intervir uma diversidade imensa de combinatórias possíveis. Entre o que o plano físico evidencia e o que o psiquismo realiza existe um mar de possibilidades, daí a necessidade de metaforizar. Até porque as posições masculinas e femininas, que foram metaforicamente designadas pela referência à atividade ou passividade, estão longe de serem restritas respectivamente aos sexos biológicos tradicionalmente identificados como homem e mulher.

Seguindo Freud, creio que podemos tomar essas três polaridades como três níveis relativos à constituição do psiquismo que encontram como correspondente, no campo amoroso, três planos antinômicos: o primeiro refere-se ao amar e à indiferença; o segundo, ao amar e ao odiar; e o terceiro à finalidade ativa de amar e à finalidade passiva de ser amado como posições privilegiadas no endereçamento ao objeto amoroso.

Figura 3: Polaridades ⇔ Antíteses

Três polaridades da vida psíquica	Três antíteses da vida amorosa
1º. Real: sujeito (eu) **X** objeto (não-eu) (mundo externo)	1º. amar **X** indiferença
2º. Econômica: prazer **X** desprazer	2º. amar **X** odiar
3º. Biológica: atividade **X** passividade	3º. amar **X** ser amado

Agora fica fácil cruzar as informações. É só às custas de um trabalho psíquico rigoroso que alguém pode amar o diferente ou amar a diferença. Isso porque amar a diferença implica poder ultrapassar o plano restrito da confirmação identificatória na qual o que conta é apenas confirmar a si mesmo num plano autoerótico ou narcísico, numa tentativa de objetificação de si, onde nada se arrisca no campo da alteridade. Para que um sujeito advenha em toda a sua potência desejante é imprescindível que ele possa escolher objetos que não sejam apenas versões dele mesmo. É fundamental a ultrapassagem do campo narcísico rumo à diversidade do desejo. É fundamental que a antinomia possa ser acolhida não como condição de risco, mas como ampliação de perspectivas.

É como se nesse primeiro plano da dialética do amor, marcada por uma dimensão imaginária, o buscado fosse a manutenção da homeostase, numa dependência estreita ao princípio do prazer, essa força motriz primária que opera sobre a tensão

Desdobramentos éticos, estéticos e políticos

visando a obtenção imediata do prazer e evitação da dor sem restrições. Não à toa, ela é primária em relação ao princípio de realidade, no qual o imediatismo já pode ceder a um adiamento da gratificação em função do reconhecimento da realidade, que leva em consideração a existência do que é antagônico aos interesses narcísicos imediatos.

Mas é verdade que nem todos chegam lá. O percurso do amor ao mesmo até o desejo pelo diferente, não é um caminho facilmente trilhado por todos. Muitos não chegam nem à metade do caminho e odeiam, abominam, tudo que não os confirme. Há um largo trajeto, tanto subjetivo quanto civilizatório, entre o trabalho da identificação e aquele que leva à possibilidade de escolhas de objetos amorosos que sejam efetivamente outros em relação à nós mesmos. Trata-se de um percurso do amor pelo igual ao desejo pelo diferente. E é importante que se entenda aqui que esse endereçamento ao outro enquanto diferente e passível de ser amado, respeitado, não é restrito à indicação do que se passa no plano sensual. Falo de maneira ampla. Eis a "heteridade" desejável, que não se limita de modo algum a heterossexualidade, que não tem nada a ver com heteronormatividade, mas que se dirige ao largo acolhimento da diferença, seja ela qual for. Diferença essa bem-vinda, mesmo em relações de caráter homossexual. Afinal, não é porque a parceria sexual se deu com alguém do mesmo sexo que a diferença, a "heteridade", tem que estar fora da relação. Do mesmo modo, muitas relações ditas "heterossexuais" funcionam via uma anulação absoluta da "heteridade": estas são, por vezes, fartas de misoginia, não havendo espaço para a diferença, apenas para a confirmação do que é igual.

O que a psicanálise nos ensina é que a matriz do preconceito se encontra no desamparo que está na base de nossa condição

REVIRAMENTOS DO FEMININO

humana, naquilo que ela tem de mais frágil e precária. Porém, se advimos como sujeitos, se o trabalho civilizatório cumpre a tarefa da humanização, podemos avançar dessa condição primeira não apenas na direção de nos arriscarmos no campo do Outro, da alteridade, mas na de celebrarmos o desencarceramento da pobreza de sermos reduzidos a nós mesmos na loucura de tentar "objetificar" o vasto sujeito que somos num "eu". O que se encontra nesse plano é uma torção na qual é o acolhimento do desamparo, não sua negação, que nos vocaciona para a amplitude, a empatia, a solidariedade, a diversidade, como um passo dado para além de nossa obscuridade inaugural. Trata-se do que expusemos acima como passagem do amor imaginário ao amor simbólico. E, como poderemos ver mais adiante, esse amor simbólico pode e deve incluir também aquilo que não é humano e que condiciona nossa existência humana. Ou seja, a Terra que nos sustenta.

A sideração pela identidade acaba por encarcerar o sujeito na ensandecida camisa de força de se pensar como Um, limitado ao eu, construindo imensos muros de exclusão e ódio dentro e fora de si mesmo, do que não seja esse Um. Porém, essa empreitada louca já revelou o suficiente suas consequências para a humanidade, como nós temerários ideais patrióticos que culminaram no fascismo; os ideais de raça pura que desembocaram no holocausto; os ideais religiosos fundamentalistas indutores de guerras; os ideais de embranquecimento da raça promotores de genocídios, como se vidas indígenas, negras, judias e tantas outras, não importassem; os ideais sexistas que motivam feminicídios; os ideais sustentados pela LGBTQIA+ fobia, cujo horror à diversidade sexual já provocou tanta dor e matança, bem como tantos outros ideais inescrupulosos.

DESDOBRAMENTOS ÉTICOS, ESTÉTICOS E POLÍTICOS

Enfim, o que tudo isso revela é o quanto estamos longe do ideal que efetivamente interessa, que é o civilizacional, se pensarmos a civilização como multicultural e não desconsiderarmos a barbárie pois, como alertamos acima, ela é parte inerente de nós mesmos e representa a própria infância da humanidade. Como jamais nos livramos do infantil, para que possamos tomar providências subjetivas e culturais rumo a civilidade é importante que, advertidos, possamos avançar orientados pelo rigor no acolhimento da diferença e do diferente, tanto em nós mesmos quanto nos outros, usando inclusive da construção de mecanismos jurídicos e institucionais que coíbam o retrocesso civilizacional que acena com um reacionarismo estrutural.

O que sugiro como campo do feminino implica justamente esse questionamento do Um, do total, do integral. Implica um tipo de universal que não constitui totalidade. Nesse sentido, a ética do feminino pode ser pensada como afeta à ética da psicanálise, implica que não se perca de perspectiva o real que se encontra em jogo em toda a ação humana. Ou seja, há algo de imponderável que não entra em nenhuma camisa de força. Entretanto, é interessante observar que não se trata apenas de sofrer desse real indomesticável, mas de, tomando-o em consideração, intervir com ele. Ou seja, sem recalcá-lo ou negar sua existência, seja no âmbito do *setting* clínico, seja no âmbito da cultura, operar de modo a contar com ele e a fazer com ele.

Essa perspectiva nos retira da pretensão de dominação e nos remete ao que é da ordem dos feitos do sujeito no mundo, seu poder de intervenção. Além disso, ela indica de maneira crucial o que nos ultrapassa, revelando tanto os limites de nossos feitos, quanto as relações recíprocas entre o que somos como seres vivos e todo o universo de outros seres orgânicos e inorgânicos dos quais depende nossa existência, inclusive psíquica.

REVIRAMENTOS DO FEMININO

Nessa perspectiva, nossa existência é apenas uma partícula mínima de um universo muito maior no qual estamos todos engajados. Parece que focamos um bocado na dimensão subjetiva de nossa existência psíquica, e isso tem, sem dúvida, seu valor. Mas, todo esse percurso de pesquisa sobre a subjetividade do qual a psicanálise é tributária talvez deva se estender para o que sugiro nomear como "dimensão ecológica do psiquismo". Até porque não podemos esquecer que, etimologicamente, sujeito é *sub-jectum*, isto é, "posto debaixo". Aqui, podemos ressaltar que ele não é apenas suportado pelo desejo do Outro, na imensa corrente que nos referenda como humanos, mas pelo Real do qual, inexoravelmente, ele é parte, já que sofre seus efeitos.

Com essa hipótese acerca desse campo do feminino, pelo qual busco situar suas incidências não apenas sobre o sujeito que somos, mas sobretudo no que nos origina e no que nos ultrapassa, eu talvez possa bem-dizer nossa relação com uma experiência que, revelando nossa inconsistência subjetiva, nos predisponha a uma outra relação com a Natureza em nós, tanto física quanto psiquicamente. Se trabalhamos tanto com a subjetividade e com as defesas do Eu, de modo a tocarmos nisso que foi designado por Freud como o "rochedo da castração" — para aludir ao ponto no qual recuamos por medo de nos havermos com nossos limites subjetivos —, no passo dado pelo que se afigura como dessubjetivação na proposta lacaniana para o fim de análise — proposta que coloca o feminino em perspectiva —, talvez possamos encontrar não apenas a relação com a queda subjetiva, mas a conexão com o que talvez seja interessante designarmos como "ecologia psíquica".

Se a ecologia constitui o estudo das relações recíprocas entre os seres orgânicos e inorgânicos, as reverberações de

DESDOBRAMENTOS ÉTICOS, ESTÉTICOS E POLÍTICOS

tais relações no psiquismo tocam uma dimensão do Real. Um Real que, ao invés de ser negado pela prepotência subjetiva que tanto participa de nós, seres humanos que subjugamos o mundo e os objetos, possa ser mais bem acolhido de modo a fazermos algo com ele, e não somente espernearmos contra ele, tentando uma dominação impossível e nefasta. A agressão à Mãe-natureza certamente revela o repúdio ao feminino que é expressão do Real em nós.

O que aqui proponho como ecologia psíquica não representa a negação da dimensão psíquica subjetiva, mas o reconhecimento de uma experiência que a filosofia ameríndia aponta como a energia, a potência da vida que está em tudo, nos transcendendo. E, nesse caso, se sobrepondo ao sujeito que somos. Nesse sentido, a vida evolui em tudo, ela passa pelos corpos e isso não representa nenhuma progressão, apenas é.

Em uma bela entrevista com o líder indígena, ambientalista, filósofo, poeta e escritor Ailton Krenak, realizada pelo canal Agenciamentos Contemporâneos[2], mediada pela psicanalista Suely Rolnik, Krenak, citando o cientista Antônio Nobre, sublinha que o que se descobriu acerca da "info-rede florestal", ou seja, acerca da interação subterrânea que conecta todas as árvores de uma floresta, é expressão de Gaia, organismo vivo da terra, expressão de um amor incondicional. A potência da vida sempre em evolução, e não em progressão, se expressa em todo um universo de sensibilidade de seres orgânicos e inorgânicos. A vida passa pelos corpos. Os corpos são meios

---

[2] KRENAK, Ailton. "Filosofia Ameríndia por um outro modo de pensar e viver". Disponível online em: https://youtu.be/g4_hnApXhrU. Acesso em 30 de dezembro de 2022. Acessado em 30 novembro de 2022.

REVIRAMENTOS DO FEMININO

de passagem da vida que os atravessa. Nesse sentido, eu me pergunto: se somos parte do ecossistema terrestre, por que o psiquismo não teria uma conexão com isso que não diz respeito ao "especifismo" do humano?

Nós, seres humanos cheios de si, não somos o último biscoito do pacote da vida, último ponto de evolução. Somos parte de um ciclo por onde a vida circula, ciclo esse que inclui a morte como parte do processo. Como diz o líder indígena: "A experiência do especifismo do humano é uma prisão". O privilégio que nos demos em detrimento de todos os outros seres configura um pacto de extinção de nossa própria espécie. Se comemos o planeta, como podemos habitá-lo? E não adianta imaginar que se acabarmos com esse construiremos outro com nossos avanços tecnológicos mirabolantes. Nosso criacionismo, que por um lado pode ser muito bem-vindo, não deveria se colocar como negação do Real que nos ultrapassa. Deveria "fazer com o Real" e não tentar negá-lo, como se pudéssemos configurá-lo ao nosso bel prazer, ao nosso serviço.

Nossa extinção como espécie é um destino não apenas possível como extremamente provável e iminente se tomamos em consideração o tempo que estamos na Terra e o que nos resta caso sigamos com a degradação que causamos ao meio ambiente nos últimos tempos. Pensamos que nos ocuparmos dos direitos humanos basta para melhorarmos a qualidade da existência. Porém, nos esquecemos de que nossa existência é condicionada pela existência do planeta. Planeta esse que estamos consumindo vorazmente, num extrativismo louco que rege nossa concepção truncada de civilidade e progresso. Esquecemos que a vida, no que ela tem de mais essencial, é selvagem, como Krenak propõe no ensaio: "A vida

DESDOBRAMENTOS ÉTICOS, ESTÉTICOS E POLÍTICOS

é selvagem"[3]. Na entrevista citada, o professor acrescenta que: "A poética da experiência de estar vivo tem que animar a potência de ser". Nesse sentido ele defende a ética do viver e produzir vida, e não do abusar da vida consumindo-a. A vida não precisa ser consumida. Ela é fruição, é dança cósmica. Apresenta-se em nós, como apresenta-se de diferentes maneiras em tudo o que nos rodeia, nos articulando seja com o pássaro que revoa à nossa frente, seja com a montanha que avistamos. A vida, como um sopro que nos anima, nos transporta a uma dimensão da existência que nos atravessa e excede ao que identificamos como nós mesmos.

Penso que a fruição que vigora nessa experiência indicada por Krenak certamente não se refere ao que designamos como gozo fálico, mas talvez possa ser associada ao gozo feminino, o gozo Outro, tal como o abordamos anteriormente. Este não pode ser mensurado, monetizado, formatado para ser consumido em massa. Pressupõe um desprendimento, uma doação, uma entrega, como eu costumo dizer, na qual o sujeito fica em suspensão, não é ele que preside a experiência — aliás, ela é sem que nada a garanta. A verdade é que estamos tão capturados por um único modo de vida e tão viciados num modo de fruição *prêt-à-porter,* que olhamos com descrença e desdém para tudo que nos descentre de nosso próprio umbigo.

Krenak menciona ainda uma noção de belo presente no termo *ecoporan*, que identifica o belo e o bom como a via por onde a vida respira. Isso me reportou imediatamente a uma

---

[3] KRENAK, Ailton. "A vida é selvagem". Disponível online em: https://selvagemciclo.com.br/wp-content/uploads/2020/12/CADERNO12-AILTON.pdf. Acessado em 30 de novembro de 2022.

concepção kantiana de belo[4], já aqui mencionada, na qual podemos ler que um corpo não é belo pelo que ele é de modo singular, mas pelo fato de sua forma poder remeter à toda uma espécie. Ou seja, posso entender que, em sua forma "exemplar", a vida respira remetendo a outras vidas. Assim, o belo é a dimensão na qual um objeto não se encerra nele mesmo, mas exala a vida para além dele, inspira a pró-criação. Mencionando os desenhos no corpo, Krenak salienta que estes são espectros, ideogramas que se conectam com o que está ao redor, meio pelo qual eles se colocam como caçadores de beleza. Uma beleza que, muito diferentemente de vetorizar para o Um, dirige-se a uma conexão com o que os ultrapassa.

É nessa ultrapassagem, nessa transcendência, que encontramos pontos que remetem ao que estou tentando designar como campo do feminino, no qual sua ética própria é indissociável de uma estética, resultando numa est-ética que reverbera politicamente, inspirando uma política própria.

2. Por uma estética do feminino

Nesses muitos reviramentos para abordar o que aqui se propõe como estética do feminino, vou começar por me servir da retomada da relação do barroco com a psicanálise a partir da dimensão de visibilidade que o barroco oferece tanto à questão do feminino, quanto à questão do êxtase místico. Porém, farei isso de modo bastante pontual, já que no meu livro *Torções: a*

---

[4] KANT, Immanuel. "Analítica do Belo". In *Textos selecionados* [Coleção Os Pensadores]. São Paulo: Abril Cultural, 1980.

DESDOBRAMENTOS ÉTICOS, ESTÉTICOS E POLÍTICOS

psicanálise, o barroco e o Brasil,[5] me detenho nesse tema. Como se sabe, o barroco serve para indicar a passagem do que há de mais terreno e enraizado ao que visa tocar as alturas na dimensão do infinito. É desse lugar entre o céu e a terra que ele permite muitas conjugações. Expressa-se pela assunção da pulsão escópica "a tensão entre o mundo e a transcendência", fazendo aparecer, nas metamorfoses do corpo sofredor e gozoso, a fragilidade mortal, a precariedade da figura humana presa na secularização do tempo[6] e na transição entre a vida e a morte.

Com a expressão de Goethe "o eterno feminino", Eugeni d'Ors defende que esta pode traduzir uma categoria constante do espírito, "um gineceu abstrato, fora mesmo de toda determinação sexual"[7]. Conclui com isso que, independentemente da ciência botânica, toda flor é mulher, ou os cultos de Eleusis, ou a Democracia, "ou o Barroco". São muitos os estudiosos que relacionam o poder de encantamento do barroco com o fato de ele conter em si um feminino fatal. Desse modo, tal como a sereia que com seu canto perturba, desorienta e fascina, o barroco é tão amado quanto temido, e bem sabemos que o feminino também. Não é estranho à loucura e nem aos apelos incontidos das forças da vida, mas é pela via mesma dos riscos da expansão da vida que a morte encontra lugar de acolhimento e de exibição. Aliás, são fartas as representações de crânios e outros símbolos da morte e de tudo o que causa estranheza nas representações barrocas. Eles estão lá cumprindo uma função.

---

[5] MAURANO, Denise. *Torções: a psicanálise, o barroco e o Brasil.* Curitiba: CRV, 2011.

[6] BUCI-GLUCKSMANN, Christine. *La raison baroque: Baudelaire à Benjamin.* Paris: Galilée, 1984, p. 63.

[7] D'ORS, Eugeni. *Du baroque.* Paris: Gallimard, 1968, p. 28.

REVIRAMENTOS DO FEMININO

Aliás, o que se apresenta como estranho será um polo de atração para toda temática do barroco. Basta lembrar a profusão de anjos, esses seres fora do sexo, que habitam as obras barroca, para nos reportarmos a um outro neologismo lacaniano que decompõe "étrange", estranho, em francês, em "être-ange", "ser anjo" ou "estar anjo" [8], pretendendo indicar essa dimensão de gozo Outro que se realiza na infinitude, fora-do-sexo.

Em seu livro *A razão barroca*, Christine Buci-Glucksmann, trabalhando o tema da alegoria do anjo na obra de Walter Benjamin, sustenta que o anjo "representaria alegoricamente esse ponto de encontro conflitual entre o quotidiano 'familiar' e o mistério 'inquietante' que intrigava Freud e definiu a dialética, segundo Benjamin"[9]. É importante enfatizar que o feminino, abordado como metáfora, ao invés de ser indicativo de um dos polos da divisão dos sexos, aponta muito mais para a desconstrução da fronteira das identidades do masculino e do feminino. É esse "estranho" que a alegoria do anjo vem configurar, e sua relação com o canto e a música também não deve nos passar desapercebida.

Como já comentado, Lacan defende a mística como algo de sério, no capítulo intitulado "Deus e o gozo dA Mulher", do seminário 20[10]. Lacan parece querer ressaltar que, para o ser humano, Deus teria duas faces. Uma que o ancora na linguagem e outra que a revela insuficiente, dado que se endereça ao infinito no qual a sublimação, o feminino e o belo

---

[8] LACAN, Jacques. *O seminário, livro 20: Mais, ainda*. Trad. M.D. Magno. Rio de Janeiro: Zahar, 1982, p. 16.

[9] BUCI-GLUCKSMANN, Christine. *La raison baroque: Baudelaire à Benjamin*. Paris: Galilée, 1984, p. 24.

[10] LACAN, Jacques. *O seminário, livro 20: Mais, ainda*. Trad. M.D. Magno. Rio de Janeiro: Zahar, 1982, p. 103.

DESDOBRAMENTOS ÉTICOS, ESTÉTICOS E POLÍTICOS

comparecem amortecendo a experiência de encontro com o real incognoscível.

Do barroco, podemos extrair uma dimensão de visibilidade daquilo que, por ex-sistir, ou seja, por existir escapando à possibilidade de representação, comparece via uma apresentação que dá a ver muito mais do que mostra. Isso porque apela ao que poderíamos chamar de "reviramento dos sentidos", convocando a ver com os ouvidos, ouvir com os olhos, escutar com a boca, degustar com o tato, tatear com a narina, num contínuo jogo de equivalências perceptivas que denunciam a sensibilidade sobre a qual se sustenta toda a nossa percepção da realidade. O feminino, remetido à focalização da sensibilidade, justifica a designação feita por Michelet do universo barroco como um "mundo mulher"[11]. Trata-se de uma certa difração ao infinito dos valores tidos como femininos no conjunto da vida social, sem que isso configure ideais. Maffesoli lembra que, nessa ótica, a mulher não é, como se costuma dizer, o "futuro do homem", mas seu presente, no qual uma sensualidade difusa vem impregnar o conjunto da vida social.

No barroquismo "tudo é exibição do corpo evocando o gozo — [...] Quase chegando à cópula. Se ela não se apresenta, não é para inglês ver. Ela está tão por fora quanto na realidade humana, a qual, entretanto, ela sustenta com as fantasias de que é constituída"[12]. Assim, colocando a alma no lugar da cópula — que, na aspirada conjugação complementar, não comparece para os humanos na forma como se observa no mundo

---

[11] MAFFESOLI, Michel. *No fundo das aparências*. Petrópolis: Vozes, 1996, p. 208.

[12] LACAN, Jacques. *O seminário, livro 20: Mais, ainda*. Trad. M.D. Magno. Rio de Janeiro: Zahar, 1982, p. 154.

natural —, aponta um furo que encontrará ressonância no remetimento ao Outro e, por que não, no remetimento a um gozo Outro, efetivamente de Outra natureza.

O que deve ser aqui destacado é a não ruptura entre o corpo sofredor e o gozoso, entre o mundo e a transcendência, ponto onde a antinomia, longe de apontar a exclusão dos contrários, indica o paradoxo onde o júbilo apoia-se na afirmação de tudo o que há para o melhor e para o pior. Sem que a vida seja mutilada de nenhuma de suas facetas. Assim, como destaquei em obra anterior,

> o corpo apresentado em martírio e em fragmentos em muitas obras barrocas, e mesmo as imagens da ruína e da morte que ganham nelas lugar de destaque, serve não para marcar algum lugar na eternidade, como se dá numa perspectiva épica, mas para celebrar a possibilidade transfiguradora que a arte, enquanto criação, porta. Interessa, portanto, fazer a vida entrar na alegoria, modo pelo qual podemos expressar a ênfase não propriamente num "fazer artístico", mas num "querer artístico".[13]

Eis aí um indicativo potente de um posicionamento que vem revelar as afinidades entre a ética da arte trágica e da expressão barroca com a ética da psicanálise. Com isso, revela-se uma estética no seio da ética da psicanálise.

A dimensão mística da teleologia do barroco é apontada por Sérgio Rouanet ao indicar que essa nos instrui quanto aos

---

[13] MAURANO, Denise. *Torções: a psicanálise, o barroco e o Brasil*. Curitiba: Ed. CRV, 2011, p. 60.

mistérios, onde a realização do sentido é sempre alegórica, ponto no qual podemos perceber a confluência com o que denominamos de Real.

Nas palavras de Rouanet, foi

> o que permitiu, consciente ou inconscientemente, por razões táticas ou pela lógica dos sincretismos históricos, a incorporação parcial daquela mesma cultura renascentista que se procurava combater. O resultado foi a absorção de elementos antitéticos, combinando o humanismo renascentista com a religiosidade mais exaltada, a carne com o espírito, o hedonismo com a santidade, a terra com o céu.[14]

A ética da psicanálise, ao vetorizar a ação não para um ideal a ser atingido, mas para o acolhimento do real em jogo — de maneira a que a vida seja afirmada em todas as suas dimensões, inclusive naquela na qual até a morte entra em jogo —, potencializa a afirmação de tudo o que há. Isso, entretanto, só pode ser empreendido na dimensão em que o belo cumpre sua função de véu encorajador, na qual o amor-tecimento propiciado pela transferência no trabalho psicanalítico amortiza essa "queda na Real", permitindo que o sujeito possa valer-se dela para seguir em frente.

Tais atravessamentos jamais poderiam ocorrer sem que o belo cumprisse sua função. A função do psicanalista é afeita, portanto, à função do belo. Não que o analista precise ser bonito, mas é preciso que ele seja belo o suficiente para que,

---

[14] ROUANET, Sérgio Paulo. "O barroco ontem e hoje". In *Psicanálise e Barroco em Revista*. Ano 1, n,2, 2003. Disponível em https://doi.org/10.9789/1679-9887.2003. v1i2.150-163. Acessado em 10 de junho 2021.

REVIRAMENTOS DO FEMININO

funcionando como objeto causa de desejo, possa despertar o desejo. Porém, isso não faz do analista um objeto que consista. Pelo contrário: o que o torna belo é sua capacidade de revelar-se como objeto furado, possibilitador de passagem, remetendo a tantos outros objetos. É isso mesmo que o faz descartável, para que o sujeito possa seguir sua vida prescindindo do analista, uma vez que pode servir-se dele para enxergar mais além.

3. Por uma política do feminino

Curiosamente, minha empreitada de construção de um conceito de feminino próprio ao campo psicanalítico encontrou, nos reviramentos que o feminino exige, mais propriedade em ser qualificada como construção de um anti-conceito, ou seja, como o indicativo de que todo sentido é não-todo. O próprio feminino não poderia se furtar a isso. Talvez possamos denominar como feminino o fundamento do impossível que participa do trabalho de educar, de governar e de psicanalisar, como o indicou Freud, ao qual se acrescenta ainda, o impossível fazer desejar. Assim, o feminino é o que nos confronta com o impossível. Mais do que isso, ele traz em si o desafio que remete ao: o que fazer diante disso?

A confrontação com o impossível, diferentemente da confrontação com a impotência, que se fixa na frustração, não paralisa, mas convoca a um "fazer com isso", fazer tecido no trabalho de luto decorrente de uma privação que é real. Porém, é a elaboração do luto que libera a energia necessária à criação. Enquanto a impotência incita o ressentimento, o impossível incita a criação. Incita o "se virar com isso", o inventar. Via por

DESDOBRAMENTOS ÉTICOS, ESTÉTICOS E POLÍTICOS

onde o não ser pode vir a ser, vir a ser... criado. Tarefa da *poiesis*, conforme nos instrui Diotima[15], citada no *Banquete* de Platão, aqui referida. Não há nenhuma garantia nisso, mas pode haver uma aposta que demanda a utilização de um outro método, ou melhor, frente a lógica do todo fálico, uma outra lógica: a lógica do não-todo relativa à posição feminina.

As palavras de São João da Cruz podem ser usadas para nos dar uma pista sobre como abordar o feminino. Cito-o: "Para se chegar, pois, a Ela, há que se proceder antes não compreendendo, do que procurando compreender. Deve-se antes pôr-se em trevas, do que abrir os olhos para a luz." O que, portanto, nos ensina esse exercício de aproximação com a mística? Qual será sua afinidade com o campo da criação? Qual a efetividade dessa orientação ao feminino no vasto campo psicanalítico que abrange, inclusive, seus efeitos na cultura e na política?

Política, em sua origem grega, refere-se à *polis*. Implica ações relativas a uma certa normalização da convivência entre os habitantes de uma *polis* e de cidades vizinhas. Aristóteles a define como um meio de alcançar a felicidade dos cidadãos. O que se entende por felicidade pode ser polêmico, mas em sua concepção é preciso que um governo seja justo e as leis, obedecidas. Podemos ponderar que se a ética implica uma reflexão acerca da direção da ação a ser empreendida visando algo, a política está ocupada com os efeitos da ação no coletivo, na organização da *polis*. De modo que ética e política deveriam estar profundamente articuladas.

Porém, bem sabemos que esse campo do "deveria" escorrega diante da complexidade humana. Parece que a política

---

[15] PLATÃO. "El banquete". In *Diálogos*. Buenos Aires: Espasa, 1949, p. 139.

REVIRAMENTOS DO FEMININO

perde a finalidade de contemplar um modo de convivência do coletivo para focar na luta pelo poder. Por exemplo, diante do mundo industrializado, no século XIX, Max Weber define a política como aspiração para se chegar ao poder. Seja o poder dentro do Estado ou relativo aos distintos grupos que o compõem. Trata-se, portanto, não da política a serviço da *polis*, mas a serviço da dinâmica do poder. E, nesse sentido, a política se transforma num jogo pautado pelo primado do *phallus* e, portanto, pela afirmação daquele ou daqueles que possuem imaginariamente suas insígnias, valendo-se delas para submeter os demais.

Nesse caso, o que vale não é o coletivo ou nada que remeta a uma certa comunhão com os demais. O coletivo é visto como massa de manobra para a validação do poder desses que se afirmam como Um — ou como Uns. Tudo é articulado em prol dos interesses deles. Eu sou, eu faço, eu aconteço, eu posso... Entojados de si mesmos, no gozo idiota que os lançam ao vale-tudo pelo poder, ficam cegos quanto ao cumprimento da função de zelar pelo bem-estar coletivo, pelo bem-estar da *polis*.

Talvez possamos pensar que o endereçamento ao coletivo — se este tomar em consideração o elemento diferencial presente em cada membro, o que impede a transformação do coletivo em massa — abre canais para uma política do não-todo. Uma política sensível ao impossível que está em jogo na tarefa de governar e que, se sabendo limitada, recicle-se constantemente considerando a diversidade em causa. Nesse sentido, os achados freudianos acerca da existência de uma orientação "mais além do princípio do prazer" que intervém em nossas pretensões de unidade, precisão, clareza, união, revelam que, a despeito de todos os ideais, somos também habitados por uma

DESDOBRAMENTOS ÉTICOS, ESTÉTICOS E POLÍTICOS

barbárie inexorável. Porém, o reconhecimento político dessa barbárie ao invés de suscitar o caos ou ativar forças de repressão — que maniqueisticamente dividem o mundo entre bons e maus — poderia promover o que o sociólogo Michel Maffesoli chama de "homeopatia da barbárie".

Ele reconhece em certas formas de expressão artística — notadamente no barroco, com a valorização da imperfeição, mas não apenas —, a possibilidade de uma certa ritualização do lado obscuro da vida. Este, ao invés de crescer na obscuridade do recalcamento, poderia integrar "esses elementos *naturais* que são bestialidade, violência e morte"[16]. Tal integração poderia se dar por meio da vasta gama de recursos artísticos e culturais que, ao invés de negarem a existência desses elementos *naturais*, permitiriam sua expressão, sem os danos que lhes seriam correlativos. Trata-se aí do que já foi comentado acima como a transformação do real bruto em real humano.

Mas é bem verdade que, para isso, seria preciso fazer o luto desse "mundo ideal" ao qual se dirigem, hipocritamente, nossos governantes, e com o qual muitos de nós aceitam ser enganados. Seria preciso entender que é no reconhecimento desses elementos *naturais*, que talvez possam ser melhor designados como "selvagens", como propõe Krenak em "A vida é selvagem"[17], que vigora a potência de nossa fragilidade humana, com tudo o que ela porta de possibilidade de renovação e criação, se lhes for concedido o direito de expressão cidadã.

---

[16] MAFFESOLI, Michel. *No fundo das aparências*. Petrópolis: Vozes, 1996, p. 210-211.

[17] KRENAK, Ailton. *A vida é selvagem*. Cadernos Selvagem. Disponível em: https://selvagemciclo.com.br/wp-content/uploads/2020/12/CADERN12-AILTON.pdf. Acesso em: 15 de outubro de 2022.

REVIRAMENTOS DO FEMININO

Nesse ponto, vale recordar a que as palavras "bárbaro" e "selvagem" remetem. A palavra "bárbaro", além do sentido de malvado, cruel, desumano, refere-se também, como comparece em sua origem grega e romana, àquele que é estrangeiro. Como se o estrangeiro fosse, por princípio, visto como nefasto. Já a palavra "selvagem", embora seja a designação principal de quem veio da selva, passou também a designar bravo, feroz, maligno, vindo a se confundir com bárbaro. Ou seja, parece que a referência principal na utilização corrente desses termos por nós incide sobre o modo como o que é estrangeiro à cultura reconhecida pelo *status quo* é visto como mau, nefasto.

O termo "selvagem", em sua referência ao que veio da selva, parece mais apropriado para dizer daquilo que da pulsão de morte, como parte do movimento cíclico da vida, encontra lugar em nosso psiquismo como uma tradução do que resta da natureza em nós. Daí sua dimensão indomável, estrangeira ao que reconhecemos a partir de nosso referencial de cultura como o que é civilizado. De todo modo, é interessante pensarmos que, seja qual for a cultura a qual estejamos nos referindo, algo resta fora, fora da possibilidade de ser recortado da natureza, permanecendo em continuidade com ela.

Estamos sim, falando do feminino. Desse campo de intensidades, desse campo que excede e que cobra reconhecimento por bem ou por mal. A posição que se tem adotado de ataque à natureza, à Mãe-terra, parece revelar-se como uma das expressões de ataque ao feminino. Dada a insuficiência da satisfação veiculada pelo gozo fálico, ordenador, de modo justo ou injusto, outro gozo pede passagem, como Outro desse Um, e quanto mais insistimos em não o reconhecer, mais suas irrupções, ao invés de trazerem ganhos, trarão perdas. E mais, desfilará sob nossos olhos a cena patética de uma civilização *"selfie"*,

DESDOBRAMENTOS ÉTICOS, ESTÉTICOS E POLÍTICOS

prisioneira da "sociedade do espetáculo" na qual, efetivamente, a política só serve à produção de meios para se chegar ao poder: fascinação fálica que promove a cegueira frente à alteridade e desenvolve a precarização da vida, que é também precarização das relações humanas e do meio ambiente. Cavamos, com isso, nossa própria extinção enquanto espécie. Não nos reconhecendo como parte do planeta, mas julgando-nos seres superiores a tudo o que nos rodeia, parece que vivemos a loucura da ficção de podermos recriar a Terra, por isso podermos destruí-la. Sem percebermos que, se houver amor no Real, este é o que a Terra nos dedica incondicionalmente, diante de cada crepúsculo e de cada alvorada, oportunizando a vida. Em nossa ânsia devoradora, ficamos a léguas de distância da dimensão do amor que implica comunhão com o todo, interação com a vida para além do si mesmo.

Recortados enquanto sujeitos, vivemos a loucura de um antropocentrismo que faz com que nos julguemos superiores a tudo o que há. Nos julgamos melhores que o mar, que a montanha, que as florestas, que os rios, imbuídos da ideia de que tudo o que está no planeta ali se encontra apenas para nos servir. Nos apropriamos de maneira possessiva, numa consumação voraz que ameaça esgotar nossa própria espécie.

Seria possível pensar que a psicanálise não tem nada a ver com isso. Essa, porém, é uma visão estreita. A ultrapassagem do chamado "rochedo da castração", o endereçamento ao feminino como vetorização de uma análise para qualquer sujeito que seja, como se coloca na proposta lacaniana, visando um avanço em relação aos entraves narcísicos que detêm o sujeito nos limites protetivos do eu, tudo isso implica uma disposição. Esta, embora não efetivada por todos que vivem a experiência de uma análise, nem por isso deixa de se colocar como

REVIRAMENTOS DO FEMININO

uma destinação que, para os analistas, ou melhor, para aqueles que visam vir a ocupar essa função no rigor que ela exige, é imprescindível.

Isso é também o que concede à psicanálise um lugar muito especial no campo do saber. O que instrumentaliza um analista para que ele possa intervir sustentando a ética da psicanálise é efeito do seu próprio avanço no seu processo analítico, enquanto analisante. Nessa perspectiva, sua abertura ao feminino é essencial. É emprestando-se como objeto que um analista pode despertar o desejo que vem a ser causa do sujeito, que vem causá-lo, abrindo com isso o campo de investigação no qual as fixações libidinais indicam na atualização propiciada pela transferência, os pontos de resistência que limitam a mobilidade afetiva do sujeito. A lógica da relação operante em cada caso está longe de poder ser generalizável. Trabalhamos com a singularidade, mas não de modo a inflacionar o recorte subjetivo, porém de maneira que a fantasia que sustenta a concepção de si possa ser permeada pelo que se situa mais além dessa concepção, propiciando um maior acesso ao entorno e à criação.

É bem verdade que o que fazemos não é arte, não somos livres para criar ao nosso bel prazer. Nossa prática está ancorada em pressupostos teóricos que se valem do rigor do discurso da ciência, no qual a racionalidade vigora como a via de transmissão *princeps* desses pressupostos. Portanto, nos valemos do rigor científico. Entretanto, essa mesma racionalidade que sustenta a ciência se revela insuficiente para explicar muito do que se passa no psiquismo e na especificidade do laço social que sustenta a experiência analítica. Os elementos com os quais trabalhamos são por demais complexos. A clínica, que é o laboratório do analista, não permite que ele se distancie da experiência.

DESDOBRAMENTOS ÉTICOS, ESTÉTICOS E POLÍTICOS

A psicanálise é um campo em que o pesquisador interfere em seu objeto de estudo. Mais do que isso, empresta-se, ele próprio, como objeto nessa pesquisa — ainda que o sujeito analista se coloque entre parênteses para que a verdade do sujeito a ser investigado possa tomar a cena e reportar seus desejos inconscientes ancorados no Outro que referenda o analisante. Na relação com o analista, o sujeito atualiza seus desejos infantis na busca por satisfação. Aliás, os sintomas que conduziram o sujeito a buscar análise se colocam, paradoxalmente, como satisfações substitutivas desses desejos recalcados que se expressam nos sintomas, trazendo, certamente, uma certa fruição, mas que acaba muitas vezes sendo onerosa para o sujeito. Acaba lhe custando muito. É aí que o analista, isto é, a busca de um analista, se justifica. Mas a exigência de satisfação insiste.

O sintoma comum trazido pelo sujeito se transforma em sintoma analítico na medida em que, por transferência, os afetos que ele carreia, originariamente endereçados aos protótipos infantis — àquelas pessoas que foram os primeiros objetos de investimento afetivo do sujeito — passam a ser endereçados ao analista. É desse modo que a neurose comum comparece como neurose de transferência, situando o analista no quadro de tudo o que se passa com o sujeito. Mas, mais do que isso, ou seja, mais do que a evidência das tramas do desejo que são atualizadas nesse trabalho, a operatividade do laço analítico está condicionada aos modos de gozo dos quais cada sujeito se serve, para o melhor e para o pior. Diante disso, o manejo feito pelo analista é essencial.

O analista não entra neutro nesse jogo. Ou seja, a neutralidade científica está longe do campo psicanalítico. A exigência de abstinência subjetiva é diferente da exigência de neutralidade.

REVIRAMENTOS DO FEMININO

Se temos que situar a psicanálise em algum campo, é melhor que a situemos no campo do "entre": entre a ciência e a arte. Ela se posiciona nas fronteiras. Não é uma ontologia porque, se aborda o ente, é para indicar o que lhe falta, apontando a falta-a-ser. Não é uma filosofia porque a Verdade com a qual se ocupa é a do inconsciente, que é sempre meia verdade. Não é medicina porque, embora se ocupe da saúde, o corpo com o qual trabalha não é obediente nem à anatomia, nem à genética, nem a fisiologia que se espera dele. O corpo sobre o qual operamos é um corpo subvertido pelo desejo e aparelhado de gozo. Norteado pelo desejo, o olho que deveria servir para ver pode se cegar inadvertidamente; a perna que serviria para andar pode claudicar face ao conflito no campo do desejo, e assim por diante.

O campo da psicanálise e a matéria com a qual trabalhamos é de tal modo singular que não tem como pré-requisito nem mesmo a formação psicológica ou médica, como alguns pensam. A formação psicanalítica tem seus próprios pressupostos e lógica de funcionamento. Se há um pré-requisito, esse é a cultura geral, que implica um amor incondicional ao saber sempre em construção, jamais totalizado. O que faz de nossa formação uma formação permanente. Quem não gosta de estudar, de investigar, de pesquisar, quem não gosta de gente, não tem nada a fazer no campo da psicanálise. Campo esse que é ao mesmo tempo único, singular, mas também inabordável caso não interaja com todos os outros campos e sobretudo com a cultura na qual se insere. O sujeito sobre o qual operamos é um sujeito vivo, inserido na cultura. Sua fala, que é nosso instrumento fundamental de trabalho, ele a adquiriu a partir do Outro que o sustentou para que ele adviesse como humano, falante, desejante. A humanidade não nos vem como direito de

Desdobramentos éticos, estéticos e políticos

herança, nós a adquirimos por contágio, que é um dos sentidos possíveis para o termo transferência. A partir de um Outro que soube *a priori*, por suposição, que adviríamos como sujeitos falantes. Assim, não podemos esperar que um alguém tratado desumanamente desde sempre intervenha no mundo humanamente. Se seus gestos são monstruosos, é porque a humanidade não lhe foi transmitida.

Na psicanálise, o cientista e o objeto da investigação estão superpostos. O método só é passível de transmissão pela submissão ao próprio método. Ou seja: se, no caso, o candidato a analista se submete a ele. Há algo da experiência vivida que ultrapassa o conhecimento teórico e que é impossível de ser dito, traduzido, reduzido às representações. O vivido é maior do que o representado, mais do que isso, o vivido é maior do que é possível ser representado.

Na busca da transmissão de seus achados, de início Freud criou o grupo de estudos das quartas-feiras no qual nem todos eram médicos, mas todos tinham como pré-requisito fundamental o desejo de saber, todos tinham uma sólida formação intelectual e acadêmica, além de cultura geral.

Duas décadas depois, esse grupo se institucionaliza com a criação da Associação Internacional de Psicanálise. O modelo básico da formação do analista, sustentado no famoso tripé — estudo teórico, prática supervisionada por um analista mais experiente e a própria análise pessoal —, foi assim estruturado por Max Eitingon, que fazia parte do grupo.

Muita coisa mudou de lá para cá, mas o famoso tripé continua sendo a base das formações em psicanálise. Nesse tripé, a exigência do tratamento do candidato a analista, inclusive sem a garantia de que o que resultará desse tratamento será a emergência de um analista, é o elemento que, na prática, mostra a

REVIRAMENTOS DO FEMININO

impossibilidade de que a academia, ou qualquer instituição que seja, possa fazer advir analistas.

Entre um sujeito querer ser analista e, a partir de sua própria análise, experimentar a confirmação desse querer pelo surgimento do desejo do analista, desejo efetivo de se dedicar a esse ofício, existe uma grande distância. Muitas vezes, começa-se uma análise com o intuito de vir a ser analista e, ao longo do processo, se verifica que não é bem isso que efetivamente se deseja ou não é bem isso que se suporta. Entre aquilo que funciona no plano dos nossos quereres, nossas demandas, e o que descobrimos como nosso desejo inconsciente, existe um hiato. Além disso, sustentar o que Lacan propôs muito adequadamente chamar de "desejo do analista" significa poder abster-se dos seus quereres na prática clínica para emprestar-se ao trabalho de investigação do desejo do Outro, Outro esse que não é o seu referente, mas o referente daquele a quem se escuta. É isso que faz o desejo de analista ser um desejo de exceção, dado que todo desejo é desejo do Outro.

Isso implica uma larga medida de dessubjetivação. Pendurar o Eu na sala de espera para emprestar-se como objeto nessa investigação não é nada evidente. O conhecimento teórico do analista é importante, sim, mas é incomparavelmente mais importante a habilitação advinda de sua própria análise. Efeito da sua experiência no divã. E isso a academia não pode nem oferecer, nem exigir, e muito menos prometer. Isso é impossível de ser institucionalizado. O que torna o trabalho analítico irregulamentável pela via das normas formais ou da academia. Por isso a psicanálise não pode ser uma profissão. Ou seja, a rigor, não tem como existir diploma de psicanalista atestado pelos organismos do Estado, nem por quem quer que seja. Um analista é uma possível resultante do trabalho de análise

DESDOBRAMENTOS ÉTICOS, ESTÉTICOS E POLÍTICOS

empreendido na singularidade de cada caso. É o resultado de uma aventura sem garantias. O Estado não tem minimamente como avalizar a transmissão do saber psicanalítico, muito menos ainda o processo de análise de cada sujeito que se pretende analista.

Inclusive, isso faz com que, embora a análise de um analista possa ter fim, sua formação não tenha, seja permanente. Podemos até conseguir títulos de mestres, doutores e até pós--doutores em psicanálise, mas não de psicanalista, ainda que atualmente existam tentativas equivocadas de cunho essencialmente mercadológico, de criação de cursos de toda a natureza prometendo a falácia de diploma de psicanalista e inventando falsos conselhos e sindicatos de psicanálise sem nenhum amparo legal. A prática que nos qualifica, que começou com o nosso próprio tratamento, só se confirma no dia a dia dos nossos atendimentos, com os efeitos que nossas intervenções produzem, e se autentica, também, pela sustentação continuada do testemunho que damos com o trabalho de transmissão do que fazemos com a psicanálise.

Tudo o que foi aqui exposto até agora aproxima a psicanálise disso que, atravessando a ancoragem necessária relativa ao campo da significação, toca um mais além, tangencia o que excede a esse campo. Mais do que isso, revela o que desse campo resta fora da apreensão significante. Daí a afinidade da psicanálise com o que aqui tentamos indicar como o feminino. Daí o feminino se colocar como uma destinação da psicanálise. Nessa perspectiva de uma lógica que rompe com a totalização, lógica do não-todo, o campo feminino e o gozo, que lhe é correlativo, se situa como Outro no questionamento do Um, do limitado. E se coloca rumo ao indelimitado. Nesse sentido, podemos dizer que, tal como *A Mulher não existe,* também

O analista não existe. Só haverá analista se esse artigo definido "O" for barrado. Enquanto analistas, temos que nos contar um a um, tal como se contam as mulheres no seu encontro com o feminino. Não há generalização possível. A generalização compete ao campo fálico, onde se goza das lógicas totalizantes, e mesmo totalitárias. No que se refere aos analistas, cabe a cada um reinventar a psicanálise na articulação entre o legado de Freud e a apropriação que lhe foi possível fazer, ao seu estilo, desse legado, na clínica constituída a partir da experiência de sua própria análise e nas contribuições dela advindas para a transmissão da psicanálise. O autorizar-se analista é uma operação complexa.

Se numa análise operamos a travessia da fantasia que nos concedia um lugar fálico do qual éramos escravos, para tocar esse campo de desasseguramento rumo ao que entendemos por feminino, o advir como analista, ocupar essa função ao seu estilo implica uma reinvenção da psicanálise que demanda, para além da travessia da fantasia, também uma travessia da teoria, como propõe Coutinho Jorge[18]. Aqui ainda é importante salientar que se trata, mais propriamente, de uma "reinvenção", não de uma "invenção". Como já mencionei em trabalho anterior, a

> ciência esmera-se em promover descobertas. Descobrir é desvendar, tirar o véu de algo que já estava lá antes. Uma invenção tem outra natureza: porta, inexoravelmente, a marca de seu inventor. Por isso, não há psicanálise sem Freud. Não há

---

[18] COUTINHO JORGE, Marco Antônio. "A estrutura da formação do psicanalista". In COUTINHO JORGE, Marco Antônio. (org.) *Lacan e a formação do psicanalista*. Rio de Janeiro: Contra Capa, 2006, p. 85-104.

DESDOBRAMENTOS ÉTICOS, ESTÉTICOS E POLÍTICOS

psicanálise sem levar em conta tudo o que circunscreve as contingências de sua criação.[19]

Porém com a tendência contemporânea à banalização e mercantilização de todo e qualquer saber, a psicanálise não ficou fora disso. Ainda mais com a pandemia do coronavírus, que suscitou um horror à confrontação com esse Real abominável, diante do qual não havia nada, nenhum condicionamento operante que desse conta. Diante do horror, nos restava falar e, com isso, a psicanálise ficou na "crista da onda", sobretudo com as facilitações tecnológicas que permitiram os atendimentos *online*. Por um lado, isso foi muito bom, já que além de permitir a continuidade do trabalho analítico num momento essencial também catapultou na mídia intervenções de ótimos psicanalistas que ainda não tinham ousado esses meios. Por outro lado, assistimos a uma apropriação indébita e perversa que faz de tudo em nome da psicanálise, confundindo e prejudicando os desavisados. Milhares de cursos são oferecidos prometendo mundos e fundos em tempos recordes. Ainda que a psicanálise não seja profissão e, como vimos, não tenha — e a rigor nem possa ter — o estatuto de profissão regulamentada, assistimos atônitos uma profusão de *fake* cursos prometendo formar psicanalistas.

Como se isso não bastasse, surgiu no Brasil a proposta de evidente cunho mercadológico de um curso de graduação em psicanálise à distância, manipulando até o mencionado tripé com ofertas de análise *prêt-à-porter* coletiva e supervisão em

---

[19] MAURANO, Denise. "A psicanálise de Freud e a nossa". In SIGAL, Ana Maria *et al.* (org) *Ofício do Psicanalista II*. São Paulo: Escuta, 2019, p. 40.

REVIRAMENTOS DO FEMININO

grupo no último ano letivo! Além de vermos, também, entidades de má fé denominadas sindicatos de psicanálise, ou conselho de psicanálise, quando tais denominações servem a entidades de classe profissional, o que não é o caso da psicanálise, e o que revela a impertinência de tais designações e acena com falsos asseguramentos.

É verdade que sempre aparecem projetos de lei que tentam regulamentar a psicanálise. São propostas saídas desde o campo médico até o campo religioso. Analistas sérios e comprometidos com a ética própria à psicanálise tem se batido por instruir os homens da lei para que esse despautério não aconteça. E isso, como vimos, não é porque não queremos ser protegidos por uma regulamentação, mas porque essa é, a rigor, impossível diante da especificidade de nossa área. O rigor da ética da psicanálise não cabe na camisa de força da regulamentação.

Nesse sentido, além de outros movimentos que vão na mesma direção, desde o ano 2000 se organizou o Movimento de Articulação das Entidades Psicanalíticas do Brasil[20] que, como o nome já diz, reúne diversas escolas de formação em psicanálise no país. Estas, malgrado suas diferenças, funcionam respeitando seriamente o mencionado tripé na formação e se reconhecem mutuamente a partir de laços de trabalho. Esse movimento, que tem atuado de maneira vigilante, tem conseguido barrar diversas iniciativas de regulamentação que, a

---

[20] Sobre as questões relativas a esse movimento, recomendo a leitura de CONTE, Bárbara; MAURANO, Denise; RAMALHO, Rosane. "O rigor da ética versus a camisa de força da regulamentação: a luta do Movimento Articulação das Entidades Psicanalíticas do Brasil". In APPOA (org.) *Instituições Psicanalíticas: às margens do impossível*. Porto Alegre: APPOA, 2022.

DESDOBRAMENTOS ÉTICOS, ESTÉTICOS E POLÍTICOS

título de proteger do charlatanismo quer seja a sociedade, quer sejam os praticantes da área, acabariam por instituir uma autorização legal para a prática analítica, que, entretanto, não seria legítima. Não é porque se cumpriu x horas de curso, x tempos de análise e x sessões de supervisão que se produz um analista. Esse cálculo não fecha para nós. Para o nosso melhor e nosso pior, bem sabemos que sustentamos um ofício de risco. Feliz ou infelizmente, isso não pode ser diferente. A psicanálise, como profissão, é impossível. Quem quer garantias deve buscar outros rumos.

O que não impede que, enquanto uma prática, esse método de investigação que se revelou um tratamento criado e teorizado por Sigmund Freud há mais de 100 anos, que encontrou adeptos em quase todo o mundo e revolucionou o saber e a própria cultura ocidental, não possa continuar operando como um ofício possível. Tal ofício, longe de se dar de modo aleatório, é acompanhado pelo rigor que cada escola de psicanálise séria coloca em funcionamento para que os analistas possam permanentemente prestar contas da atividade que sustentam aos seus pares e à sociedade. E assim, cada um a seu modo, sustentar a transmissão da psicanálise e a continuação de sua formação em caráter permanente. Quando um diploma não pode atestar isso por nós, temos que fazê-lo incansavelmente, no dia a dia de nosso trabalho. A grande quantidade e qualidade de publicações em psicanálise, os incontáveis congressos, jornadas, encontros de trabalho, também denotam a seriedade da pesquisa que empreendemos.

O que tudo isso revela é que há um real em jogo no campo desse nosso ofício, real que não pode ser cernido por nenhuma norma ou dispositivo fechado. O termo real refere-se aí à impossibilidade de uma representação conseguir dizer tudo daquilo

REVIRAMENTOS DO FEMININO

que ela pretende representar. Dito de outro modo, somos orientados pelo significante da falta no campo do Outro, este não permite totalizações. Há dimensões da nossa experiência que são irrepresentáveis, impossíveis de serem escritas, ditas. Como observa Lacan, o real "é o que não para de não se escrever"[21]. É por isso que ele nos surpreende. Percebem como estamos em cheio nesse campo do feminino, que escapa as amarras da camisa de força das totalizações?

---

[21] LACAN, Jacques. *O seminário, livro 20: Mais, ainda*. Trad. M.D. Magno. Rio de Janeiro: Zahar, 1982, p. 127.

Por concluir:

O feminino como um chamado do Real

Num trabalho intitulado "Análise terminável e interminável", de 1937, Freud menciona não uma, mas três profissões impossíveis: educar, curar e governar. Estas, como observa Paolo Lollo no artigo "Os ofícios impossíveis e o chamado do real"[1], são impossíveis por obedecerem não ao cumprimento de um regulamento para se fazerem operar, mas a um "chamado". O autor observa que Freud, para falar desses ofícios, referiu-se a palavra *Beruf* que é também uma expressão bíblica, utilizada por Martinho Lutero, que se traduz por "chamado de Deus". No nosso caso, no nosso *métier*, o do ofício da psicanálise, respondemos sim a um chamado que podemos designar como um "chamado do real". Como propõe Lollo, este implica em aceitar a tarefa pesada (*ministerium*) e se embrenhar no mistério

---

[1]LOLLO, Paolo. "Os ofícios impossíveis e o chamado do real". In *Reverso*, v. 40, n. 75, Belo Horizonte, jan-jun 2018. Disponível no endereço: http://pepsic.bvsalud.org/scielo.php?script=sci_arttext&pid=S0102-73952018000100002. Acessado em 2 de maio de 2023.

REVIRAMENTOS DO FEMININO

de ouvir o chamado do sintoma que faz sofrer o sujeito e que exige escuta. Convocamos a um engajamento na palavra, para que a verdade do desejo que, recalcado, faz o sujeito sofrer, possa ser dita. Porém, como "dizer toda a Verdade é impossível, porque nos faltam as palavras"[2], como observa Lacan em *Televisão*, temos um paradoxo na análise. Algo sempre restará por ser dito, há um impossível em jogo. A psicanálise se revela ao mesmo tempo em sua inegável potência transformadora e em sua eterna insuficiência, no sentido de que o ato analítico jamais pode deixar de ser parcial e limitado, porque implica o reconhecimento de que há um impossível em jogo que é ineliminável, pois é próprio da condição humana.

A grande novidade da psicanálise é reconhecê-lo, não intelectualmente, mas, eu diria, de maneira orgânica. É por isso que, como digo sempre, quanto mais queremos curar, acabar com o sintoma do sujeito, menos conseguimos. Além disso, é esse real em jogo, ou seja, o reconhecimento desse impossível que será também fundamental nos outros ofícios indicados por Freud, o de educar e o de governar. É só renunciando à pretensão de dizer toda a verdade, é só enquanto tocados pelo limite que na psicanálise se explicita como castração, que uma efetiva transmissão de saber pode se exercer. De fato, o que transmitimos de mais precioso é nossa própria castração. E ainda mais do que isso: os efeitos da elaboração do luto de nossa experiência com a privação. É reconhecendo o impossível que um possível pode ter espaço. Nisso se situa o osso do que chamamos "a ética da psicanálise". Saber fazer com esse real ineliminável é nossa tarefa ilimitada.

---

[2] LACAN, Jacques. *Televisão*. Rio de Janeiro: Zahar, 1993, p. 11.

POR CONCLUIR: O FEMININO COMO UM CHAMADO DO REAL

É nesse sentido que, quanto mais um educador necessita tudo ensinar e quanto mais totalitário for um governo, que se outorga tudo saber e tudo reger, menos há espaço para transmissão de um saber possível e mais impossível se apresenta a própria tarefa de governar. Ficamos diante de uma oportunidade histórica concedida à psicanálise ao ter sido catapultada para o universo cibernético, pelo incremento e circunstâncias da demanda que lhe foi endereçada a partir da pandemia do Covid19[3], o que trouxe a ela tanto a mais ampla possibilidade de difusão, quanto de distorção. Diante disso, qual pode ser nossa contribuição para buscar caminhos frente ao mal-estar contemporâneo?

Quando Freud propõe que o Eu deve advir onde o Isso estava (*Wo es war, soll ich werden*)[4] — ou, numa outra tradução possível, "onde era, eu devo vir a ser" —, com isso, ele está nos convocando a uma certa suspensão do juízo, da moral, dessas funções do Eu, para nos conectarmos com o que estava antes da cisão, da divisão por meio da qual o sujeito da linguagem irrompeu, desnaturalizando-se do mundo instintual, mas nem por isso deixando de ser parte da natureza. Nossa característica de sujeitos é condicionada por essa divisão. Porém, o feminino em nós — e tudo o que a ele se relaciona — questiona a divisão. Indica a insuficiência da divisão. Cobra o gozo do qual

---

[3] Sobre essa temática publicamos: COUTINHO JORGE, Marco Antônio; NUNES, Macla; MAURANO, Denise. "Medo, perplexidade, negacionismo, aturdimento e luto: afetos do sujeito na pandemia". *Revista Latino Americana de Psicopatologia Fundamental*, São Paulo, 23(3), p. 583-596, set 2020. Disponível em: https://www.scielo.br/j/rlpf/a/SHLx7YvPkW8jTH7WvpgtsDn/?lang=pt. Acessado em 10 de janeiro de 2022.

[4] FREUD, Sigmund. (1931) "Nuevas conferencias de introducción al psicoanálisis". In FREUD, Sigmund. *Obras Completas, v. 22*. Buenos Aires: Amorrortu Ed. 1988, aula 31.

REVIRAMENTOS DO FEMININO

fomos privados e cuja memória habita não nossas ideias, mas resta silencioso ou ruidoso em nosso corpo. Trata-se do gozo *en corps*, o gozo no corpo. Um gozo que insiste *encore,* ainda. Aqui, a homofonia na língua francesa entre *en corps* ("em corpo") e *encore* ("ainda") é preciosa. Um corpo que ultrapassa o recorte imaginário e simbólico que fazemos dele mas que nem por isso deixa de existir nos afetando e nos surpreendendo, ainda. Marcando uma alteridade em nós mesmos, na qual não somos nós que temos um corpo, é ele, o corpo, que nos tem, e com ele partilhamos não só nossa humanidade, mas nossa condição de ser, de vivente.

Penso que o feminino é o que revela que essa divisão entre civilização e barbárie, natureza e cultura, eu e o outro, masculino e feminino, ativo e passivo, ou qualquer que seja, embora seja fundamental para nossa organização simbólica, é insuficiente e deixa restos inelimináveis em nossa existência. Nessa perspectiva, o feminino é o elemento radicalmente inapreensível de nossas identidades sexuais, sejam elas quais forem. Se estas estão marcadas pelo trauma da diferença dos sexos, que reedita e romancia o próprio trauma da separação do natural, na inscrição do mundo simbólico, o feminino insiste em apresentar o que opera ciclicamente, o que subverte a cisão, o que retoma sempre ao ponto de origem, perseverando um real que insiste, onde nossa relação com a Natureza está sempre à espreita. Se sua afinidade com a pulsão de morte se evidencia, é para nos lembrar que a transitoriedade é o que permite a valorização da vida com tudo o que nela há.

O feminino é o que resiste à camisa de força das identidades. Se ele é o que resta inacessível à linguagem, arisco ao campo conceitual, isso não significa que não se revele e faça incidir seus efeitos sobre nós e, por consequência, sobre a cultura,

POR CONCLUIR: O FEMININO COMO UM CHAMADO DO REAL

através de suas epifanias. Creio que a melhor abordagem que podemos ter da pulsão de morte é aquela na qual podemos pensá-la como tradução psíquica da memória da Natureza em nós. A voz inaudita do que, entretanto, ressoa como um eco no fundo de nossa natureza, ou no fundo da Natureza em nós, nos conectando com o nosso eterno feminino.

Que esse feminino, ainda que alheio à divisão sexual, possa invadir o campo do sexual intervindo sobre o erotismo dos sujeitos — sobretudo os que se identificam como mulheres, ou os que se posicionam do lado feminino, como é o meu caso —, é o que vai justificar falarmos na especificidade de um erotismo feminino que, fruindo de uma dimensão mais originária, subverte a divisão e faz-se meio de profundas indagações sem respostas definitivas e generalizáveis. É esse feminino que reverbera na famosa indagação sempre em aberto: "O que quer uma mulher?". A psicanálise e a vida nos ensinam: um homem se mede por outros; o poder viril visa sempre a totalidade. Já uma mulher, em sua dimensão feminina, quer ser contada como única, escapa a toda representação que tente apreendê-la. Por isso é possível dizer que, por a mulher não existir, como já foi comentado, ela precisa ser inventada. Portanto, um pó marmóreo para apagar as marcas do tempo, um *carmin* na face aludindo à vida sobrenatural, o contorno nos olhos para que sejam vistos, um batom que reinventa a cor da carne, um silicone aqui, um botox ali... E haja criatividade para dar visibilidade a isso que escapa à visão. Eis a função da mascarada, artifício que revela o paradoxo presente no ato de se fazer *girl phallus*, fazer-se ficção.

Bebendo na fonte da pulsão de morte, transforma horror em celebração, ultrapassando o rochedo da castração onde o masculino se detém, inventando *en corps*, em corpo,

REVIRAMENTOS DO FEMININO

no lugar da privação. Nessa direção, não se trata de localizar no corpo, nessa ou naquela região, o gozo cernido pelos sexólogos (vagina, clitóris, ponto G...), mas de ultrapassar o recorte, qualquer que ele seja, e entregar-se ao que há mais aquém e além desse recorte, rumo ao indelimitado, rumo ao gozo Outro, mais além da secção do sexual. Como nesse ponto o sujeito se esvanece, esse gozo permanece enigmático. Duvida-se até mesmo da sua existência. Ele *ex-siste*. Existe fora do que pode ser apreendido. Conecta-se ao Ser. Ou ao gozo do Ser, que resta mítico para nós. Não é do sujeito, é do que o ultrapassa. É óbvio que essa entrega não é sem riscos, daí a importância de se estar bem acompanhado. Daí ser fundamental um contorno, uma ancoragem para que essa ousadia chegue a bom termo.

Desse modo, podemos pensar que um erotismo feminino se aproximaria muito mais do que Foucault localizava como arte erótica, do que daquilo que veio a ser designado como "ciência sexual". Em seu livro *O uso dos prazeres,* ele sinaliza que, na Antiguidade, a vida gravitava bem menos em torno do sexo. Na Contemporaneidade, o sexo tornou-se causa de tudo e não importa o quê[5]. Mergulhamos num produtivismo sexual que impõe métricas aos corpos e performances às atitudes, codificando o que deve ser o desejo e o prazer. Prometendo sempre para amanhã, o bom sexo.

O trabalho que o desejo demanda fica curto-circuitado pelo imediatismo da afirmação de si mesmo no gozo fálico sexual. De modo que este último acaba por não cumprir o que

---

[5] FOUCAULT, Michel. *Histoire de la sexualité : l'usage des plaisirs.* Paris: Gallimard, 1984. [Edição brasileira: FOUCAULT, Michel. *História da sexualidade, v.2: o uso dos prazeres.* Rio de Janeiro: Paz & Terra, 2020.]

POR CONCLUIR: O FEMININO COMO UM CHAMADO DO REAL

promete dado que, nessa dinâmica, até o "si mesmo" se perdeu no meio do caminho, entorpecidos que estamos com a propaganda enganosa que faz girar o mercado do sexo. Algo se satisfaz nesse mercado que, a título de criar categorias com as quais os sujeitos possam se reconhecer num imenso caleidoscópio de identidades possíveis, acaba por prometer, para a outra identidade, o "bom sexo". Promove-se, a partir dos cultos identitários, um mundo cindido em guetos dos quais, paradoxalmente, se espera a salvação da parcialidade da satisfação. Como essa salvação não existe, estabelece-se também movimentos de migração identitária na busca da "terra prometida", do "paraíso perdido".

Como foi mencionado acima, Freud nos advertiu que "onde isso estava, é teu dever vir a ser". Didier-Weill nos lembra que este imperativo universal nos engaja numa vocação de vir a ser, vocação de advir. Tarefa ilimitada que, no nosso mundo contemporâneo, foi invadida por respostas da ciência, da técnica e do dogmatismo religioso, num movimento que não reconhece que há algo de inesgotável, ilimitado e infinito. A seu ver, responder a isso sem forçar uma obturação é tarefa dos artistas e dos psicanalistas. Sabemos que a significância não se esgota — se isso provoca angústia, que assim seja. Só não podemos entrar na camisa de força de uma regra acabada[6].

O problema é que a angústia aparece frente à experiência de liberdade. Se não há culpabilidade, há um medo radical. Diante de quê? Diante da possibilidade de procriar uma existência nova. O mistério disso que há de mais real no humano se refere

---

[6] DIDIER-WEILL, Alain. *Un mystère plus lointain que l'inconscient*. Paris: Flammarion, 2010, p. 292.

REVIRAMENTOS DO FEMININO

ao fato de que esse novo jorra sempre. E ficamos mais assustados com o apelo a dizer "sim" ao direito de existir, do que com a injunção mortífera de dizer "não" a esse direito.

Didier-Weill vê na questão "Será que você é só isso?" a interrogação implícita de Freud sobre essa escolha "advir ou decair". Ele adverte que os três tipos de resistência — a resistência ao decair, ao esquecimento do desejo e ao esquecimento da dívida significante — é o que faz do artista e do psicanalista os resistentes que, como "delegados do infinito", têm a "obrigação ilimitada" de sustentar esse pacto originário com o significante, de modo a com ele responder às forças do ódio[7].

É no conflito estabelecido pelo casal Eros e Tânatos, e num retorno que implica a insistência de um recomeço, que nós encontramos, segundo Didier-Weill, a "condição de possibilidade da sublimação". Trata-se de uma pulsação que implica que o começo do ritmo originário não cansa de recomeçar. Essa perspectiva de abordagem da pulsão de morte a coloca em cheio no princípio do que se passa no ciclo da vida, no qual geração e corrupção encontram-se embricadas, como foi mencionado anteriormente. Como se nesse ponto o que é reeditado não fosse uma relação com a perda propriamente, tal qual o que ocorre com a operação do desejo e o resgate que ela coloca em jogo, mas o retorno à origem e ao seu mistério, o que empuxa à criação. Nesse sentido, desejo e criação acionam vetorizações divergentes. Tal empuxo à criação, à geração, pode aqui ser reputado como *empuxo ao feminino*. Nesse sentido, não se trata de buscar desvelar o mistério, mas de contorná-lo, acolhendo o que nele resta insistentemente enigmático, podendo

---

[7] *Idem*, p. 294-295.

POR CONCLUIR: O FEMININO COMO UM CHAMADO DO REAL

surpreender com lampejos de revelação, inclusive a partir do que pode ser ficcionado por nós.

Os segredos do feminino e os mistérios da natureza encontram-se embricados inclusive no enodamento da paixão e do ódio que suscitam. Didier-Weill lembra que o surgimento da ciência experimental implicou na profanação de Gaia, a Terra: "os grandes experimentadores, entre os quais Immanuel Kant, diziam que era preciso torturá-la para que ela confessasse os seus segredos"[8]. Para nós, a Natureza encontra-se velada. Retirar-lhe o véu provoca tanto fascinação como horror por poder ser algo muito perigoso. Daí a relação com ela, quer a amorosa, quer a violenta, ser sincronicamente afeita ao que é endereçado ao feminino. A violência contra o feminino parece ter por base a violência contra a natureza, no que ela se mostra indomável, não entregando de todo seus segredos. Com Joana Souza, escrevi *A saga do feminino na mulher: feminicídio à luz da psicanálise*[9], justamente buscando trazer algumas contribuições sobre essa questão.

A natureza guarda o que há de mais originário, é aí que se localiza seu milagre. Um milagre que insiste, renovando-se o quanto pode. Nós talvez possamos dizer que o feminino é o modo próprio de afirmar que "o que começou continue a começar"[10], sempre e mais ainda. O que exige de nós, analistas, uma tomada de posição ética, estética e política que nos

---

[8] DIDIER-WEILL, Alain. "Em face do supereu". In SOUZA LEVY, Silvia Maria; PINHEIRO DIAS, Maria Filomena (orgs.). *A céu aberto: O inconsciente na clínica das psicoses.* Rio de Janeiro: Contra Capa, 2018, p. 26.

[9] MAURANO, Denise; SOUZA, Joana Dark. *A saga do feminino na mulher: a misoginia à luz da psicanálise.* Rio de Janeiro: 7 letras, 2023.

[10] DIDIER-WEILL, Alain. *Un mystère plus lointain que l'inconscient.* Paris: Flammarion, 2010, p. 295.

REVIRAMENTOS DO FEMININO

deixe como legado essa obrigação tão ilimitada quanto absolutamente necessária de intervirmos sobretudo nesses tempos
em que o que há de mais sombrio ameaça roubar a cena.